阅读大运河

《阅读大运河》编委会　主编

中国财经出版传媒集团
中国财政经济出版社

图书在版编目（CIP）数据

阅读大运河 /《阅读大运河》编委会主编. -- 北京：中国财政经济出版社，2021.9（2022.4重印）
ISBN 978-7-5223-0626-1

Ⅰ.①阅… Ⅱ.①阅… Ⅲ.①大运河—文化研究—中国—文集 Ⅳ.①K928.42-53

中国版本图书馆CIP数据核字（2021）第125952号

责任编辑：崔岱远　　责任印制：刘春年
封面设计：陈宇琰　　责任校对：胡永立

阅读大运河
YUEDU DAYUNHE
中国财政经济出版社 出版
URL：http：//www.cfeph.cn
E-mail：cfeph @cfemg.cn

社址：北京市海淀区阜成路甲28号　邮政编码：100142
营销中心电话：010-88191522
天猫网店：中国财政经济出版社旗舰店
网址：https：//zgczjjcbs.tmall.com
北京时捷印刷有限公司印刷　各地新华书店经销
成品尺寸：150mm×210mm　32开　8印张　132 000字
2021年9月第1版　2022年4月北京第3次印刷
定价：48.00元
ISBN 978-7-5223-0626-1
（图书出现印装问题，本社负责调换，电话：010-88190548）
本社质量投诉电话：010-88190744
打击盗版举报热线：010-88191661　QQ：2242791300

阅读大运河，打造新时代文化命脉

（代序）

王立生

在近代以前的中国，大运河是国之命脉，它几乎贯穿了整个中华文明。运河给我们留下了丰富的遗产，尤其在文化层面，衍生出一批重要的、可以生动反映一地历史沿革、精神流变的作品，它们是我们对地域文化最生动的认知，也最容易形成文化认同感和文化归属感。

在长期的历史发展中，大运河文化形成两种时态，一种是历史的，一种是现代的。历史的文学记忆，应当被我们拾起，重新挖掘其中的价值。当我们再度回顾，会发现其中很多作品的价值完全被我们低估了。我们把它们重新展示给大众时，会发现，它们的生命力一点都没有减弱。有质量的作品，从来不会过时。而以现代时态再去观察，我们发现，基于大运河的文化认同，又不断有全新的力量涌现。无论是对其历史价值的挖掘，还是在新时代背景下，对运河的再解读，都未曾停歇。

基于这两种时态，我们应当对大运河文化进行再思考，深入解读千年大运河文化，开掘和搭建更具地方特色和时代价值的大运河文化网络，推动大运河跨区域联动，形成全新的文化动脉，这应是我们当下的发力点。

以运河为大背景，沿线城市都可以挖掘自身独特的价值，不遗落任何文化“边角”，形成有主题、有记忆点的文化内容，从而丰富自己的文化特性。大运河的价值正是把这些独特文化连接在一起，打破地域之间的间隔，避免文化的“水土不服”，让大家先基于大运河形成文化共识，再突出一地的文化性格。这样的文化流动、输出方式，是建立大运河文化的“造血功能”，形成全新的文化动脉，建立更全面、更有渗透力的文化网络，让文化真正流动起来。

通州是北京城市副中心，北京东西轴线的收尾，京杭大运河的端头，是历史上仓储漕运的重地、江南和塞北物资交通的枢纽。大运河文化带建设的重中之重在通州，现在的通州正在加快步伐建设北京城市副中心。大运河经通州流过，不仅为通州带来了物质的丰饶、财富的积聚，更带来了文化的积淀——深厚而历久弥香。

2018年和2019年，围绕大运河主题，通州区以大运河阅读行动计划为抓手，开展了多项活动，以大运河为主题，以阅读为承载，形成了具有强大带动力和活力的全民阅读推广方式。尤其是大运河阅读接力活动，北起通州，南到杭州、绍兴、宁波，跨越北京、天津、河北、河南、山东、安徽、江苏、浙江八省市二十余个大运河沿岸枢纽城市，融合名家领读、读书会、主题讲座等多种形式，丰富立体地呈现了大运河文化风貌。活动的每一站既体现了鲜明的地域特色，又反映了大运河文化源远流长的历史文化底蕴，不仅发现了一批对大运河有深入研究和深厚感情的文化名家，发掘了一批有热情、有实力致力于全民阅读推广的读书会和文化机构，还通过各具特色的阅读活动丰富了各地群众的精神文化生活，活跃了大运河沿线的全民阅读氛围，受到广泛好评。

大运河阅读接力活动在大运河沿岸带动了全民阅读的风潮。各地站点的活动现场，均邀请了当地的知名作家、运河文化名家、书画家等。这些当地的文化名人，满怀热忱，以极大的热情和自豪感讲述大运河和本地的历史渊源、故事传说，以及大运河文化的发展脉络等，掀起了讲运河、读运河、游运河、写运河的热潮。

在此基础上，我们邀约各地知名作家供稿，编写了这本《阅读大运河》，记载他们对大运河的阅读理解，对大运河文化的深情依恋。

我们认为，当下的阅读形态已不再局限于图文阅与读的方式，“阅读”正在成为一种更多意的形态，这也让我们的跨区域联动有了更多优势条件和想象空间。音频、视频的新形态，旅行、展览等体验的补充，形成全新的“阅读力”。它表现在以下几个方面。

一是资源的打通。借助全新的形式，我们已不必局限于时间、空间，不必“在场”，也可以获得相同的体验，无差别地共享内容。这无疑是一个重要的变化，有效打开了阅读的体验方式和想象空间。

二是内容精品化。当资源被打通，阅读资源逐渐均衡，也就倒推内容的精品化趋势形成。读者面对的选择多了，自然会倾向于更优质的内容。

三是打开更多阅读入口。我们有了更多的阅读体验方式，这意味着为全民阅读提供了更多入口，可能有人倾向于听书，有人选择通过视频“看”书，有人通过展览“赏”书，有人实地行走“游”书。读书的样态越来越多，也将激发更多产业与阅读的结合。未来，我们将用更多方式去体验一本书，大众离好书也将越来越近。

阅读大运河，就是要以阅读连通文化情感，实现文化价值，用阅读形成连接力。

首先，阅读是一种既可私享，也可以有效连接大众的方式。阅读有着巨大的生命力，它的价值在漫漫历史长河中不断生发，我们通过它回到过去，也通过它再读当下。因此，我们确信，阅读是最可能赢得大众共识、实现有效文化传播的形态；因此，我们要联动大运河沿线城市，一起共读。

其次，阅读可以连通不同的文化情感。我们不论以何种方式阅读大运河，都是在体验一种文化情景，在阅读的过程中，很容易产生“共情”，从而完成从了解到认同的过程，以大运河为脉络，形成文化情感的连接。

阅读也因此成为“唤醒”大运河价值的重要方式。要想“唤醒”运河的文化价值，通过阅读再合适不过。各位读者，大运河沿岸城市的各位父老乡亲，让我们紧密联结，通过阅读串联起运河的各个城市，在跨区域连接的同时，辐射周边地区，完成南北文化的无缝对接和深度交流，让大运河的文化动态始终保持活力，让大运河文化在新时代持续发酵，更加深厚、更加繁荣和发展！

【作者简介】

王立生，北京市通州区文化和旅游局党组书记。

目录

Contents

北京的大运河

侯磊

曾请教过学者张卫东老师：古人那么注重告老还乡，且京师米贵居之不易，为何还会留居京城？卫东师曰：“告老还乡要攒上多少年钱。若在京不出几代，返乡要带着祖祖辈辈数十口大棺材，乘着运河往回走。”我终于知道只有致仕的官员才还得起乡。普通的商贾、手艺人或伶人，则沿着运河漂流，盘缠用尽时就地安家，此处安心即吾乡。京城的手艺连带各种戏曲，沿着运河开枝散叶。

我走访北京周边的运河，才发现北京不是美学，而是一部政治经济学。“川陕豪商，吴楚大贾，飞帆一苇，径抵辇下”（李洧孙《大都赋》），这是虚写，而写实的是，北京是一座消费型的城市，它自身的出产无法供给居之不易的居民，只有靠运河这根血管，来输送各地的养料。北京是个受血者。

大运河改变了中国地理的空间位置，也改变了北京与其他城市的关系。

隋朝是个奇葩的朝代，它富有，能打，帝王文治武功，广有诗才。隋炀帝的诗文气魄不亚于李世民，是为了打高丽和修运河才把自己搞垮了。秦有长城，而隋有大运河，这两个短命的强大王朝，在天下一统和抵御外族上耗尽了气数。兴许有一天，隋炀帝面对着中国传统的“上南下北左东右西”地图，想象将塞北幽燕与湿热的江南联系起来，恐怕是如同电影里“把喜马拉雅山炸开一个宽五十公里的口子，让印度洋上的暖湿气流经尼泊尔吹进青藏高原”般的壮举。他想了，他干了。隋炀帝先后开凿了通济渠和永济渠，永济渠一直开到涿郡，即现在的通州。611年，隋炀帝用五十多天从江都到通州，为国家疏通了动脉血管。他干成了。可见他建重大工程并非为了享乐，天下的长治久安才是帝王最大的享乐。前朝为后朝留下传世工程而亡掉自己，这是舍己为人，不算竭泽而渔。

元世祖时期，运河从淮安开凿到通州，“通州”之名取自“漕运通济”之意，这使得船只从杭州向宿迁、淮安，穿过微山湖直达北京，不用向西北到洛阳再北上，缩短了一千八百里。郭守敬又将运河从通州凿到了北京积水潭，并命名叫“通惠河”，至今积水潭还有纪念他的汇通祠和塑像。大元的漕粮由此源源不断从江南运到北京，积水潭一带“扬波之橹，多于东溟之鱼；驰风之樯，繁于南山之笋”。

想想吧，若没运河，从长江到黄河要到大海里绕个远儿，经淮河才能到。大运河终日里千帆竞渡，百舸争流，成片的木船在这里扬帆，人们熙熙攘攘，喊着悠长的船工号子，或观赏着龙舟会。各省的漕粮货物到了，漕运官员在检查，官差在吆喝，商人在迎合，随从在侍奉，工人在挥汗如雨，还有赶鸭子的路人（据说北京鸭是吃漕运一路上遗下的粮食才长得肥壮美味），一幅《河道漕运图》浑然天成。

万事万物有生有灭，有始有终，古典文明一到明清就开始回光返照并逐步湮灭，自然环境也成了帮凶。明清以来北京水量日渐稀少，城内的不少水系，明代是河，到了清代成了水沟，再往后成为暗河。北京地势比通州高，通惠河一段因水量不足，不能将漕粮直接运达京城了。于是在通惠河上，从北京往通州设立了头闸（东便门外大通桥）、二闸（庆丰闸）、三闸（平津上闸，高碑店）、四闸（平津下闸，花园）、五闸（普济闸），船只能在闸口之间航行，后来改为到闸口改换驳船，粮食用人工搬运五次才到北京的各处粮仓，增了手续，多了猫儿腻。

清代的中国经历了千年未有的重大变化：人口从一亿膨胀到四亿，并爆发了严重的通货膨胀。北京因住房短缺，元、明以来的大胡同四处都加盖房屋形成了小胡同。科举、官员、八旗官兵连带漕运官差的职位变得紧俏。八旗职位往往是家中一个人补了缺，其他人补不上就游手好闲。闲人成了京城一景。而城内的胡同基本上是土路，最常见的景象就是“晴天一身土，雨天一身泥”。此时，北京城外只有三条石头“御路”通向远方：西直门到西山，广安门到卢沟桥，朝阳门到通州。从朝阳门到通州这一条，正是大运河在北京地区的“辅路”——在雍正、乾隆年间两次修建，还在通州八里桥和朝阳区三间房村分别立了石碑来记载。

同样，清代照搬了明代包括漕运在内的大量制度，可漕运在不同环节上设置了粮道、监兑官、押运官，像按图钉一样按上不少肥缺，与治理河道的官僚组成利益集团。官员之间层层盘剥，最终一起转嫁到百姓身上。粮食的单位是石、斗、升、合、勺。一石是二十八斤，往下能计算到“勺”。漕粮经济在数量核查和质量方面存在各种吃拿卡扣，运粮一方，一路上粮食会有发霉跌损等各种损失，又被盘剥得太狠，只好超载、偷卖漕粮或填充糠皮甚至石头沙子以次充好。漕运官员有着揪出任何猫儿腻的火眼金睛，又能在貌似不经意间高抬贵手收些好处。你给他上供，他许你谋利。双方在捉迷藏中有着一个愿打一个愿挨的默契，落得个皆大欢喜。

咸丰年间的黄河改道中断了运河，清末废弃漕运而改海运，同时期有了铁路。没有人会在路费上做赔本买卖，这是一次刮骨疗毒。1888年，慈禧的居住地装上了电灯；1904年，漕运总督撤了；1908年，北京有了第一个自来水厂。一方居民所仰仗的生活方式随着漕运的废弃改变了。

大运河逐步荒废，冬天人们可以用冰床来运点小货物，坐着冰床去郊游。而二闸一带，清末民初便是京城里踏青游览、修禊雅集的地方。而这次刮骨疗毒后，大清国病重体衰，没缓过来。北京城在八国联军的摧残下变得破旧不堪。街头未来得及清扫的垃圾，胡同口没有事做的闲人……这一切，都掩映在那高大的宫墙和诗画般的园林建筑之后。

北京过去有句俗话，叫“春脖子短”，是说北京春天之短暂，开春没几天就热起来了。运河的“春脖子”不短，但晚清的“春脖子”短。我们难以感悟古时的辉煌，却感受到水乡变缺水，文化古城生长出城市病，尤其是运河改火车时的剧痛。运河的现代性并不多，它无法给现代化的中国提供可嫁接的母体，但它促使北京成为消费之都，那些曾经的茶楼酒肆、舞台歌榭甚至红馆青楼，给了市民阶层狂欢的公共空间。

运河是个景儿，更是生活本身。通州是个好地方，城西八里有蒙古八旗激战英法联军的八里桥，城东南数里有着残存城墙古桥的古镇张家湾。1860年，八里桥打了一场大仗，直打得北京城易了主人，连首都都叫洋人占了，苦命的咸丰皇帝被打跑，死在了行宫，可比安史之乱的唐明皇。《垂帘听政》《火烧圆明园》等电影中都涉及八里桥之战的相关故事；电影中拍了些蒙古八旗冲入敌阵砍杀的镜头，为了给我们找点面子，实际比这要惨得多。而张家湾尚支撑着古镇的骨架，宛如一座屋顶都已垮塌的殿宇，还在风雨中残存着立柱和大梁。我站在古镇城外，隔河看对岸的城墙。这河流叫萧太后河，是评书里的萧太后开凿的，当年这一带还有辽景宗和萧太后的石雕像，被打仗的部队试验炮火时轰掉了。

而这一切都过去了，人们似乎只记得通州城内有大顺斋的糖火烧和以烧鲶鱼著称的小楼餐厅，还有成片的胡同可以闲逛。胡同中隐藏着无规则的大排档与路边摊，有零星几座寺庙，万字会馆（后来是通州博物馆）附近几乎都拆迁了。拆了天然的古城，费了很大的力气重新规划街道，可能是把老城区给忘了吧。

通州城内西海子公园的燃灯佛舍利塔倒映在大运河上。只要见到那古塔，便是到了通州。我路过古塔继续向东走访运河，不经意间，在一处分叉拐弯的河道边，看到了“京杭大运河北京段”的文物保护碑。两岸多是荒芜，在黄土地上蜿蜒成一片荒原。天气晴朗无云，天空倒影在水中。我站在运河边，眼前只有黄蓝两种颜色。这运河时宽时窄，时工时乱，平静而不起眼，让人感觉不出任何波澜壮阔，像一片水泡子。我想我看到的不是运河，而古桥、古城、水闸、河床与流水，像是只看到一批零件而没有看到整座工厂的流水线，或者说，只看到两颗猿人牙齿化石，而看不到原始人的日常生活。

后来，通州建了大运河文化广场和公园，我又忍不住前去游览一番。刚进门是个公园，而走到深处，却见眼前一片夏日的深绿，河面宽阔平静，有水鸟从运河上飞过。我曾为没有运河古典的生活方式而惋惜，也为沿岸一片片逝去繁荣而焦虑。但换种想法，曾经这里是一片荒野，而经过千百年的风流，再次回归荒野。

我想，大运河不是败落了，而是返璞归真了。

【作者简介】

侯磊，作家。

◎北京阅读行走图

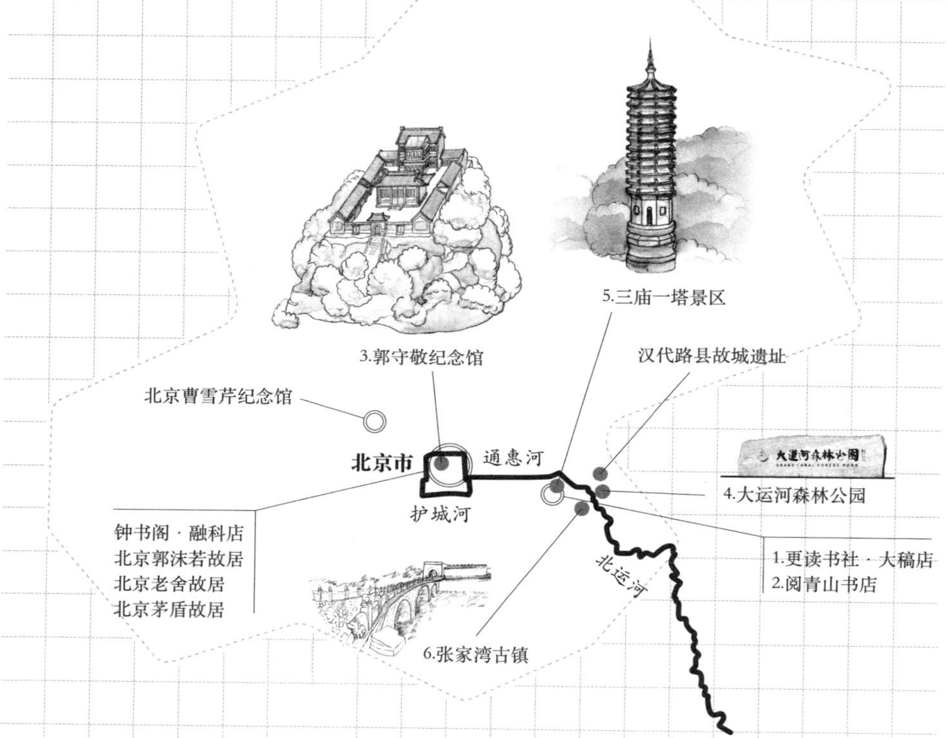

更讀書社

1.更读书社·大稿店

北京市通州区怡乐中路
大稿国际艺术区A座

4.大运河森林公园

北京市通州区宋梁路南段

阅青山

2.阅青山书店

北京市通州区九棵树西路92号
东郎产业园9号楼一层

5.三庙一塔景区

北京市通州区大成街1号

3.郭守敬纪念馆

北京市西城区德胜门西大街甲60号

6.张家湾古镇

北京市通州区京津公路辅路

三岔口的天津记忆

王小柔

残冰消尽绿波晴，小艇如鱼乱逐行。

两耳不闻欸乃闹，满河都是舱船声。

清朝张霔的《春日天津竹枝词》短短几句如同打开了一幅卷轴，再现天津卫三岔河口的漕运景象。漕运是明清两朝的交通支柱。即便现在，站在桥上，依然能遥想当年百舸争流人声鼎沸的模样，河口处停泊着大大小小的商船，拉纤的、搬货的、交易的……

公元608年，隋炀帝开通大运河的永济渠，三岔河口就已经成为航运要道，两边逐渐有了以捕鱼、晒盐为生的人家。到了元朝，更有了“晓日三岔口，连樯集万艘”的繁荣景象。清代，随着京杭大运河的进一步畅通，天津的漕运到了鼎盛时期，南运河两岸新建的码头、货栈、商店、客栈如雨后春笋，商贾人家成为这座城市的新贵。

李叔同—— 一觚浊酒尽余欢

在清朝末年的天津，“桐达李家”算得上是一个显赫的门庭。“桐达”是李府所开的一家钱铺的铺号，李氏家族从浙江到天津经营盐业和银钱业，成为津门盐商巨富之一。三岔河口附近的河北区粮店街60号是一处深宅大院，如今这里的墙上有一块牌子，写着“李叔同故居”。

长亭外，古道边，芳草碧连天。
晚风拂柳笛声残，夕阳山外山。
天之涯，地之角，知交半零落。
一觚浊酒尽余欢，今宵别梦寒。

一曲《送别》犹在耳畔。无论作为富商之家的少爷，还是手执教鞭的艺术教育家，或是大智慧的得道高僧，李叔同始终都是三岔河口的记忆。

他的故居共由四组院落组成，青墙红窗，室内陈列用大量作品讲述着弘一法师的人生传奇。李叔同的父亲曾高中进士，为官后又经商，李叔同故居处有一块“进士第”匾额，上面的字是由道光二十七年丁未科进士、清朝重臣李鸿章亲笔题写。在这样的家庭成长，却一生追随艺术追随内心，何其不易。

高悬于大客厅正中间的“存朴堂”匾额由李叔同的父亲亲笔书写，外面的抱柱上刻有清代文人刘文定的诗句，上联“惜衣惜食非是惜财缘惜福”，下联“求名求利须知求已莫求人”，“存朴”成为家训，从小根植于李叔同心中。

走进曾经的大富人家，每间屋内陈设着红木家具，富足显赫哪怕从桌角都能显出来，可以想见一个幼小孩童在这里受着严苛的儒家教育。院内更是曲径通幽，南方园林样貌娟秀细腻，用竹子围成的小花园，名为“意园”。“意园”与后院游廊相通，山石盆景、金鱼缸、荷花缸、石榴树，一步一景，透露着院主的富贵与名望。曾经门前的人进人出，车马喧嚣，永远沉淀在时光之下。因为有了李叔同，他的名字把这个宅院定在永恒之处。周围的房子、环境早已在时代中更迭变化，唯有这园中的匾牌、家具、布局，尚留着一丝追古的意味。不同年代的人，在这里进进出出，感怀“一觚浊酒尽余欢，今宵别梦寒”。

1911年3月，李叔同在东京美术学校毕业，回到天津，应直隶模范工业学堂之聘担任图画教员。作为美术老师，在同学们都以为会摆个静物让大家安静绘画的时候，却有一位披着布单的男性走上讲台，李叔同让赤裸的模特脱去遮掩，学生们哗然。人体绘画在天津首开先河。也许你站在“一代宗师”的角度很难想象李叔同曾经如此“离经叛道”，那时候的中国受儒家思想影响，这种赤裸画风很难被大众接受。而当年的艺术家李叔同，不仅在学校掀起了一股风潮，他在家中也进行了改造：给“意园”旁边的洋书房添一套新式家具，摆上了钢琴和风琴，作为休息、备课和会客之所，还把那幅据说是以日籍夫人做模特儿的裸女油画挂了出来，一时被亲友们传为奇事。青年时期的李叔同喜欢结交津门士子，常于这个屋中聚会。袁希濂比李叔同早一年去日本留学，攻读法政专业，毕业后在天津市司法部门任职。每逢假期，他就成了李家“意园”洋书房的常客。两人时常回忆“天涯五友”的聚散。盟兄许幻园，在金兰结交不久即去远方做官，官运却一直不佳，1906年10月，他曾写信给当时在东京的李叔同，让他转告老家寄些日常零用钱给自己，落魄之状可以想见；另外两人，蔡小香忙于医务，难得其音信，张小楼去了扬州，也一时断了联系。不知道这五个人还能否再聚，重温当年的意气风发？李叔同和袁希濂每当在“意园”洋书房内回想起十年来的人生际遇，常感慨唏嘘。

天津故园的记忆始终在李叔同的心里，1921年他在上海写下《忆儿时》：“春去秋来，岁月如流，游子伤漂泊。回忆儿时，家居嬉戏，光景宛如昨。茅屋三椽，老梅一树，树底迷藏捉。高枝啼鸟，小川游鱼，曾把闲情托。儿时欢乐，斯乐不可作。儿时欢乐，斯乐不可作。”而三岔河口的往事，在长亭外、古道边、芳草碧连天的天津卫，始终继续着。

古文化街——刘家巷里如云舶

清人王沆《津门杂事诗》有“天后宫前舶贾船，相呼郎罢祷神筵”的诗句，清人蒋诗《沽河杂吟》里“刘家巷里如云舶，部祷灵慈天后宫”的诗句，都在描述天津古文化街的景象。从李叔同故居出来走不了多远，就是古文化街。位于三岔河口的古文化街是天津的一个地标，每逢节假日，这里如同赶集一样热闹。我经常穿过石板路去“娘娘宫”看看，它的学名叫“天后宫”，这里的“天后”是妈祖娘娘。津沽妈祖民俗信仰源于繁盛的河海漕运。天后宫始建以来，来往的官船民船无不祈福妈祖，感念护佑，祷告物阜民丰。

两根粗壮的帆杆至今依然伫立在古文化街内，木柱上的光泽折射着百年光阴，当年这两根帆杆上挂着灯笼，是岸上的航标，它召唤着远归的商船，妈祖也在岸边护佑着进出港的船只。“千家市远晨分集，两岸河平夜退潮。”明弘治六年（1493年），这里成了最热闹的市集。庙会古称庙市，初一、十五忙上香，天后诞辰出皇会，至清康熙年间达到繁盛。京杭大运河把南北文化交融在一起，光看当年集市上的物件就能感受到日子的鲜活水灵：玉丰泰的绒绢花，修竹斋的“刘海”风葫芦，萃文魁的南纸，杨记的蜡烛，伊德元的刻花纸样子，人们熙来攘往，清明上河图的街景也不过如此。

“琉璃瓶脆高擎过，争买朱砂一寸鱼。”清乾隆年间的诗句生动地描绘了天后宫庙市买卖小金鱼的市井风情。正月十五天后宫前闹花灯，正月十六天津逛庙会，再到天后宫摸一摸庙门的门钉。几百年来，妈祖文化影响着天津人。天津人好热闹，过大年要去宫前集市转转，到天后宫庙会逛逛，即使不买东西，哪怕只是感受一下那份喧闹也心满意足。旧时一进腊月，宫南、宫北大街乃至估衣街上便贴满了写有“年年在此”的小红字条，这是每年商家选择的固定售货摊位，他人不得欺占。岁岁此地卖年货，如假包退换。其实，这字条既是市场竞争的产物，又是一种商业信誉标签。天津商人在分享新春庙市厚利的同时也很重商德。良好的信誉拉近了买与卖之间的情感，以求回头客和老主顾，此风世代相传。

石家大院——白粲千钟转舳舻

明末清初，天津的漕运直接催生出“八大家”，这八个姓氏基本就是当时的“富豪榜”，时至今日，保存最好又经修葺恢复原貌的，唯独杨柳青石家大院。石家原籍山东省东阿县，明代时其先辈是皇粮漕运的船工，后来在杨柳青落户，以贩运粮食为业。盈利渐丰，广置田产，石家成为杨柳青首富。

这个有“华北第一宅”美誉的石府宅第是一处典型的北方庭院，建筑精美度今天依然被人称奇。石家主人石元仕的哥哥石元俊，在朝期间结识甚广，他在京观察了各种宅第，综合王府、官邸、民宅的建筑形式，并结合家庭生活的实用功能，在京绘制图纸，又从北京邀来四十多位行家里手，动用了积存五十年的上等砖、木、石料，耗银三十万两，营建三年，持续维修十年，终于建成集南北民居建筑之大成的石府宅院。

石家大院有一座戏楼，谭鑫培、孙菊仙、余叔岩等名角都曾于此演出。戏楼里生旦净末丑上演着春秋大义，大院里石家几代人上演着富商大贾的兴衰沉浮。历经战争动荡，乱世中大院渐渐苍老了容颜，褶皱里沉淀着沧桑往事。

清代天津有三家木雕作坊，房家、云家和赵家。房家擅刻狮子，云家以刻凤闻名，赵家更厉害，刻什么像什么。石家大院的戏楼、垂花门等处都有木雕。第一道门上方木格雕刻四季花鸟，寓意四季平安；第二道门上方木格雕刻团鹤献寿，暗指长寿百岁；第三道门上方两侧为葫芦万代，有子孙万代延绵不绝之意。

同一时期天津刻砖盛行，当时最出名的是“刻砖马”马顺清、“刻砖刘”刘凤鸣。刻工细腻精到，费时费工，题材有神话人物、历史典故、祥禽瑞兽以及花卉、阳字等。石家大院的台阶、门楼、影壁，硬山顶房屋的墀头、博缝、屋脊等处，都有大面积的砖雕。门内有门，院内有院，光影里隐约着百年更迭。石府宅院大门坐北朝南，雕饰繁华。院落由堂屋贯通，而且内外有别，尊卑上下界线分明，凡看家护院、扛枪挎刀、打更下夜的，只许房上转，不许下边串，于内宅更不得越雷池一步。

天津是明清时期整个漕运的关键所在，南北运河又是漕粮到达京师的必经之路，它处于整个京杭运河的枢纽地位。水路贯通，岸上的人也随之迁徙，经济文化一路繁盛。明朝李东阳有诗：

盛朝供奉出三吴，白粲千钟转舳舻。
欸乃声连明月夜，参差帆指紫云衢。

昔日重现。无论是弘一法师李叔同的天津记忆，还是石家大院的青砖红墙雕梁砖刻，再到立于三岔河口的两根帆杆，都在诉说着百年前的故事。

【作者简介】

王小柔，报社编辑记者，畅销书作家，创立了“把日子过成段子”的文学风格，通过文学作品倡导“王小柔快乐生活哲学”，被誉为中国最哏儿的作家。

◎天津阅读行走图

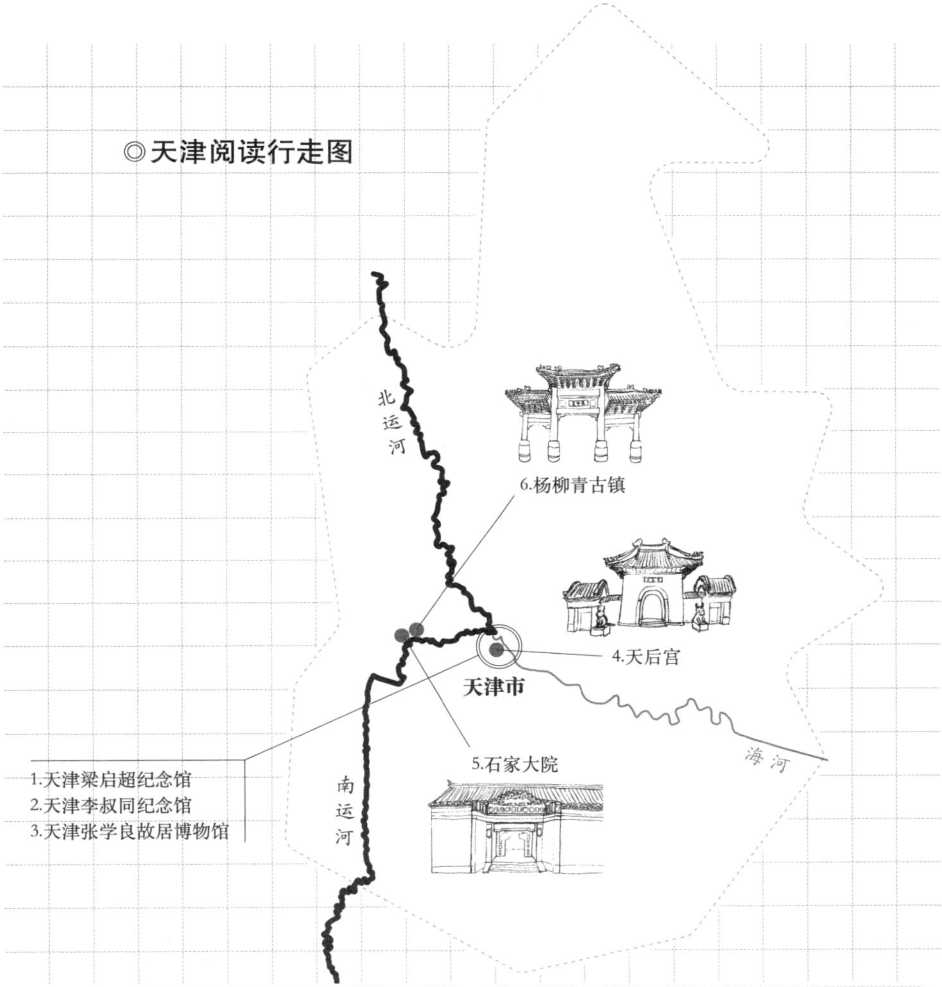

1.天津梁启超纪念馆

天津市河北区民族路44—46 号

2.天津李叔同纪念馆

天津市河北区粮店街60号

3.天津张学良故居博物馆

天津市和平区赤峰道78号

4.天后宫

天津市南开区古文化街80号

5.石家大院

天津市西青区杨柳青镇估衣街47号

6.杨柳青古镇

天津市西青区杨柳镇古镇景区

大河乡愁（节选）

宋子平

沧州是一片高古的土地，它的古老不止是因为承载了历史上太多的苦难，还因为它曾承载了太多古今圣哲先贤、文人雅士乃至人类始祖巡幸漫游的脚步。

自从盘古开天地，三皇五帝到如今……盘古，这位把一个光明且丰富多彩的世界奉献给我们的始祖，把他的脚步最后停驻在这里；毛亨从鲁地走过来、毛苌从这里走出去，并把自己的诗风雅乐完美地镌刻在我们的诗歌大历史上；献王刘德，以皇子之身而就文化，搜古书轶本，传成语于天下；汉武帝东临碣石（需要说明一下，曹操笔下“东临碣石，以观沧海”的碣石是碣石山。碣石山现在山东境内，过去属于沧州辖地。《盐山县志》记载：唐尧时，此山距海口十余里，为导航标识之山，人称碣石山。秦始皇派徐福带三千童男童女乘船去东瀛求长生不老药，就是从碣石山下无棣河出发的），还有被书写者广为诟病的一代“枭雄”曹操，他的脚步几乎踏遍了沧州大地。

曹操从南边一路打过来，官渡、仓亭、邺郡，然后是南皮——建安十年（205年）春，曹操斩袁谭于南皮，袁尚和袁熙败投乌桓。为消灭袁绍残余势力，防止袁尚、袁熙与乌桓勾结对自己构成威胁，建安十一年，曹操力排众议，决定远征乌桓。为保障粮草供给，曹操修建了平虏渠、泉州渠两条运粮渠道。

曹操修建的平虏渠（唐代名相李吉甫的《元和郡县图志》记载，鲁城县城外有平虏渠，为曹操所开凿，即现今青县东面的南运河），一说泉州渠（《水经注》作者郦道元则认为是泉州渠，泉州渠因经过武清西南的泉州县城而得名），就是沧州南运河的前身。曹操开挖运河，疏通瘀塞荒废的河道，连接长江、淮河、黄河、海河流域。又建木枋扼淇水以入白沟（黄河故道），从南皮循滹沱河故道而上，经过富庶的景城、古河间（今献县河城街）补充粮草给养，收复常山、中山等地以发展经济，壮大自己。他选择在饶阳沿原来滹沱河北支故道凿渠通泒水（今潴龙河）北上，到达蠡县、高阳，过白洋淀到易州（今雄县），收复涿郡，沿永定河北上，夺回被乌桓占领的幽州。这一段运河就这么诞生了。

沧州城一开始并不在运河边上，沧州因海而建（东临渤海，意为沧海之州），因河而兴。北魏孝明帝于熙平二年（517年）把原属冀州濒临渤海的这一大片区域分离出来，设立沧州，辖浮阳、乐陵和安德三郡。沧州城治旧址在旧州镇，离现在的沧州城20公里，那里有著名的铁狮子，如今又有了铁钱库，它们一唱一和地诉说着沧州城市的兴衰更替。

登上矗立在运河西岸解放桥侧的仿古建筑清风楼，凭栏远眺，一览小城风貌：运河水如玉带从南逶迤而来，向北蜿蜒而去，河水倒映着两岸建筑及花草树木。碧潭一样的南湖水面波光粼粼，休闲阁矗立湖心岛上，栈桥、岸柳、鸽影，风光旖旎，一如江南。

酷爱游历的元代乐天派诗人、书画家萨都剌曾写过一首以《清风楼》为题的古诗：

晋代繁华地，如今有此楼。
暮云连海岱，明月满沧州。
归鸟如云过，飞星拂瓦流。
城南秋欲尽，寂寞采莲舟。

这首诗写出了古清风楼的恢宏气势与婉约风姿。在深秋渐起的荒凉里，一叶扁舟，人立船头，在枯槁的莲叶间寻找或有的惊喜。清风朗月，兴之所至，情不自禁地吟诵一首起自心头的诗，好不惬意。我想，运河就是这样走进人们的心灵、化作文化血脉并入我们的精神世界的。人类从诞生的那一天起就是逐水草而居的，水是生命之源，难以想象没有水的土地是多么焦渴，大地没了河流又该是多么孤独。尤其是平原，平原本来就缺少审美元素，如果平原再没有了河流，特别是没有了大运河，平原该多么无趣——哪里是无趣啊，应该是了无生机——大运河就是平原的灵魂，平原的婉约与柔美。

流淌了两千多年的大运河走到今天，它所承载的漕运功能越来越弱，而更多地转换成为一种精神象征与文化风景。

不废江河万古流——我无法想象没有运河的沧州会是什么样子，我更无法想象没有运河的我们生活将会是多么枯燥无味，我们的精神会不会断流，我们的文化会不会失色，我们的四季该去哪里认证，我们的情绪要到什么地方释放？

流连于河湾，流连于它带给我们的美感，无论是大沧州，还是大运河，旧日的繁华与今日颓废出的苍凉古意，都会刻在我们心底，变成一种乡愁，沉淀下来，沉淀成文化符号，成为这个地区人民的文化心理，长久地影响着我们的情感与行为方式。运河在经历了初期的开凿，前期的勃兴，中后期的繁盛，再到如今的衰落，就像一个历经岁月更迭已然迟暮的美人，褪去了朝气与活力，只留下岁月的痕迹，让人们越过时光的背影，去回味她旧日的妖娆风姿。

曾几何时，大运河上舟楫穿梭，帆樯林立，康熙南巡驻跸的码头，乾隆下江南的船只，砖河驿站的过客，马厂炮台的驻军，清风楼上临河观景的各地官员、朗吟楼头吟诗作赋的江南士子……流水带来的不只是新巧精奇的物产，还有穿梭其间南腔北调的人们，以及他们的生活习惯、乡土风俗、百工技艺、文化传说，因而才有了沧州东西南北四方不同的口音、不同的语言方式以及独特的节日礼俗。就拿“正月十六遛百病”来说吧，它是沧州市区之外各个县市都没有的，直到某年春节期间来了几个甘肃的朋友，说他们那里也有这个习俗，我才恍然大悟：原来我们是隔了那么远舶来的啊。端午节赛龙舟发轫于楚地，却也在千里之外的北方小城沧州扎了根，并形成了自己独特的竞赛内容与竞技形式。而形成于秦朝方士徐福东渡日本出海地盐山千童镇，以思念与祭祀东渡不归亲人的耍信子与信子节也顺着运河与海上丝绸之路在世界各地开花。镖行源于武师押运货物——沧州人自古就有尚武的传统，民间武术起源于春秋时期，到明末清初，已十分兴盛。镖行应运河航运繁忙而生——沧州境内连镇、泊头、兴济、青县等重要码头成为大宗商品必经之地，因此围绕货物运输的镖行、装卸、旅店餐饮等相关行业随之兴盛起来。沧州上千年的尚武之风，使得沧州人自古以纯朴、厚道、果敢、直爽、豪迈著称，这种武士的侠义精神和精湛武艺为沧州武师赢得了“镖不喊沧州”的美名，“武术之乡”也因此被叫响。

沧州的另一大民间文化遗产杂技更是顺着运河水道，沿海上丝绸之路，散播到世界各地。著名的吴桥杂技艺人孙福友和他的中华大马戏团，远走东南亚，成为海外华人杂技界响当当的人物。杂技艺人遍布吴桥城乡角角落落、阡陌地头，随便抓起一个工具，就能耍上半天——“上到九十九，下到刚会走，吴桥耍杂技，人人有一手”，以至于杂技行有了“没有吴桥人不成团的”说法。“小小铜锣圆悠悠，学套把戏江湖走。南京收了南京去，北京收了北京游。南北二京都不收，条河两岸度春秋。”（条河即吴桥民间对运河的称谓）这是在旧时代常挂在吴桥杂技艺人嘴上的开场锣歌。

运河拓展了人们看世界的视野，同时也拓展着人们的生命宽度。随着运河走出去的不止武师与杂技艺术，还有翻砂铸铁工艺和技师，沧州著名的铁狮子就是沧州铸铁艺术水平高企的明证。如今人们到日本旅游回购的铸铁水壶，大都产自泊头。朋友圈里盛传一个著名的笑话，也是真事，它就发生在一个熟识的朋友身上。朋友从日本花将近四千元人民币买回来一把包装精美的铁壶，等回村到同学家新近搬迁的企业一看，一模一样的摆了一溜，比他买的还漂亮，器型更好的，都陈列在展示柜里。他嘬着牙花子感慨，被同学很是挖苦了一番。

长芦海盐、泊头鸭梨、白洋桥香椿以及北花第一的“御河棉”等也依赖运河水运走向四面八方。“御河棉”产自吴桥桑园周边地区，明万历时期的商书上记载：“北花衣轻而纱细，襄花衣重而纱粗，北花好纺，因性长，襄花难纺，因性急。卫河里郑家口、连儿窝、桑园、断路、泊头、武城、广平、景州，北花第一。”郑家口属故城，连儿窝即连镇，属东光，桑园属吴桥，泊头属南皮、交河。沧州这段南运河还叫御河，所以有了“御河棉”之称。

元忽必烈定都大都（北京）后，对运河有过一次大动作——裁弯取直，开挖新线，打通南北水道，并以御河名之。元朝以前，中国的行政中心长期位于洛阳、开封，因此江南漕运要运送到北方，需绕道河南。元朝至元十八年（1281年），忽必烈决定对运河裁弯取直，下令开凿济州河，之后再开会通河与通惠河，运河从此由江苏淮安经宿迁、徐州直上山东抵达北京。至此，才诞生了现今意义上的京杭大运河，隋唐大运河随之被历史封存。

提起这项伟大的工程，不得不说说沧州人马之贞，他是一位与元代水利专家郭守敬齐名，甚至在有些元朝典籍里是排在郭守敬前面的治水能手。至元十二年（1275年），郭守敬奉命巡视江淮至大都河道，马之贞建议开凿汶泗新河，以沟通江淮漕运，此建议受到郭守敬重视。至元十七年（1280年），马之贞任泗汶转运使，筹划施工，开凿会通河南段济州河，使济州河及以南水道漕运畅通。至元二十六年（1289年），马之贞受命开凿会通河。会通河开凿成功，马之贞被任命为都漕运副使。此后，他主持修建了安山闸、兖州闸等闸，在历史上留下了浓墨重彩的一笔。

会通河的开凿，实现了大运河南北直航。沧州就在运河漕运南北交汇、东西交流中撑起了几世繁华。

【作者简介】

宋子平，现供职于沧州市文学艺术界联合会，沧州市作家协会副主席，政协沧州市第四、五、六、七、八届委员，河北文学院第五、六、七、八届合同制作家。

◎沧州阅读行走图

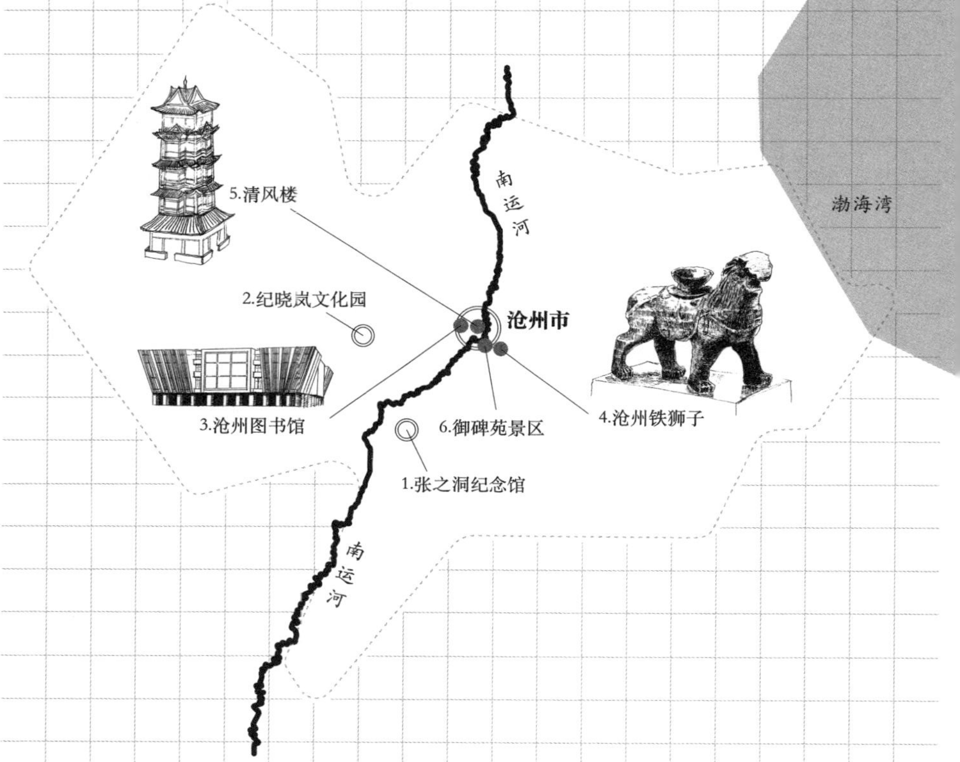

1.张之洞纪念馆

河北省沧州市南皮县文化展览中心

4.沧州铁狮子

河北省沧州市沧县旧州镇

2.纪晓岚文化园

河北省沧州市沧县崔尔庄

5.清风楼

河北省沧州市运河区解放西路1号

3.沧州图书馆

河北省沧州市运河区
上海路狮城公园西200米

6.御碑苑景区

河北省沧州市捷地乡捷地闸所

高适，你不要这样高冷

端木杉

千里黄云白日曛，北风吹雁雪纷纷。

莫愁前路无知己，天下谁人不识君。

提到这首诗，几乎无人不知。《别董大》是高适在人生低谷时劝慰别人，同时，更是劝慰自己的话。

写这首诗时，高适高达夫尚是一介布衣，客居宋州（今河南商丘），以耕种为业，养家糊口；其间读书，写诗，旅游，会友。三十二岁时他参加了科举考试，落第。回忆起曾经闯荡京师、北游燕赵、客游梁宋，落拓失意的经历，那时的高适年轻气盛，自负文才武略，以为得成卿相是指日可待的事。《别董大》后，仅十几年时间，高适的人生有如神助，一路高歌猛进。他先中有道科，授封丘县尉；后辞官从军；

安史之乱初，拜左拾遗，转监察御史，佐哥舒翰守潼关。潼关失守后他随唐玄宗李隆基入蜀，升侍御史，擢谏议大夫，正五品上，跻身高官行列。肃宗、代宗时，他先后任彭州、蜀州刺史，剑南节度使，刑部侍郎，转散骑常侍，加银青光禄大夫，直至晋封渤海县侯。

《旧唐书》载："有唐以来，诗人之达者，唯适而已。"高适是盛唐年间著名的边塞诗人，也是盛唐年间诗人中的位高权重者。《唐才子传·武元衡传》中有这样的记述："工诗而宦达者惟高适，达宦而诗工者惟元衡。"

驱车沿着京杭大运河景州段大堤一路向南行驶，路两旁是成排的杨树、榆树，间或银杏、火炬树等。深秋季节，北方平原，树木各色，叶子红黄绿相间，可谓层林尽染。田野间与道路交汇处的垄沟背上、水渠边，一丛丛的芦苇，铺排开去，白色的荻花在飒飒秋风中摇曳。行驶其间，宛若游走于画廊中。驶过京杭大运河南运河景县安陵段，在一处高坝上停下车来，远远望去，只见运河大转弯，煞是壮观，这就是运河安陵华家口大湾。

行走在高高的堤坝上，迎面便看到大运河河道，如今运河水几近断流，河床裸露。沿路走过的这段运河也是隋唐大运河永济渠段。据载，隋大业四年（608年）正月，隋炀帝"诏发河北诸郡男女百余万开永济渠，引沁水，南达于河，北通涿郡”。

“百舸争流，千帆竞渡。”漕运的繁荣，带动了运河沿岸码头的兴盛，景县段的运河布满了大大小小的码头驿站，十分繁荣。华家口就是一个著名的渡口，客船、商船来往不断。744年，诗人李白也曾到安陵访道士盖寰，并作了一首题为《访道安陵遇盖寰为余造真箓临别留赠》的诗，有云：“依栏静钓运河风，怎忘舟帆竞渡容。”我们似乎得以窥见华家口码头昔日的繁华。

站在安陵华家口运河大堤上，凝视着高大的刻有隋唐大运河及后京杭大运河图案的“中国大运河”石碑，看那蜿蜒的运河流水，演绎着时代的变迁；目光划过绘制在村庄院墙上的“李白访道安陵”图，忽然，脑海里倏地闪出一个大胆的假设。我想到了高适，因为这一段时间浸淫在古诗词的海洋里，对这个景县籍的衡水老乡产生了浓厚的兴趣。曾问过景县文联及运河研究会关于高适的情况，但只知“高适的家乡是景县，高青年时期就背井离乡，遍游梁宋，后又从军入仕，没留下啥遗迹”。景县现建有高适路，塑有两座他的雕像。

一个渤海高氏后裔，一个唐代著名边塞诗人，与岑参并称“高岑”，与岑参、王昌龄、王之涣合称“边塞四诗人”，一个参与平叛“安史之乱”的参军，一个与李白、杜甫、王维等唐代诗人群星闪烁、交相辉映的诗人，写着边塞诗并践行戎马倥偬的唐代诗人，一个终至受封渤海县侯的显贵，却连个哪怕是蛛丝马迹的遗迹都没有，只在《旧唐书·高适传》中提到一句“高适者，渤海蓨人也。少家贫，客于梁、宋”。心里未免些许遗憾。我仍不死心，继续询问其他人，得到的回答依然是——关于高适，没有任何遗迹，连传说也没有。只是在县志中记载“高适，唐渤海蓨人”。遂查阅辞典：蓨，古代县名，在今中国河北省景县南；古代地名，汉置蓨县，隋初改为蓨县。治所在今河北省景县南，为北魏至隋代的渤海高氏族墓群所在地。

那么，在这里，我们不妨做一个大胆的假设，时光回退一千三百年，假设高适从这里出发，就是从安陵的华家口，乘着一叶扁舟，沿着卫河（永济渠），溯流而南，经永济、魏州，到达洛阳。走陆路，经潼关到达长安。再然后返回洛阳，经汴州（开封）到宋州（商丘）。

站在高高的堤坝上，向南方眺望，目光穿越时空，回到大唐。永济渠从村边蜿蜒流淌着，童年的高适，时常一个人坐在河边发呆。作为安东都护的嫡孙，他没有见过爷爷高侃——曾经平定突厥、镇抚高丽、入为左监门卫大将军的一代将领。只是跟着父亲在故乡渤海蓨县，以农渔为业，读书、习武，还有梦想。在大唐，时尚文武兼备；写诗作文，是全天下士子的必备功课，若没有几首像点样子的诗文，你都不好意思去参加各种文化“沙龙”，更没有脸面去拜谒文化前辈。而游侠气息，更是充斥了这个淌着武功血脉、有着皇族血统且为渤海显赫世家的少年的胸中。他渴望着建功立业，他梦想着恢复渤海高氏曾经的荣耀。于是，十九岁那年，他整理好行囊，当然不会忘记装上要读的书，还有写诗用的纸张，以及那把从小习武就使用，伴随多年的“吴钩”剑。

小船解开缆绳，提起抓锚，逆流而上，荡开如犁的波浪。永济渠微波泛起，载着一个少年的万丈雄心和无限憧憬，一路向南直奔洛阳。遂改由陆路，直奔长安。

二十解书剑，西游长安城。

举头望君门，屈指取公卿。

《别韦参军》不知道高适在长安具体经历了什么，猜想他可能参加了科考，但没有考中；估计也是凭着诗文拜谒许多高门贵卿，终是没有什么结果。心灰意懒中，骨子里的文青气质爆棚，遂重回洛阳，沿运河通济渠向东，直奔宋州（商丘）。

商丘，唐之宋州，乃“梁宋”之地，位居要冲，非常富庶。大运河开通后，唐代文人多喜欢到宋州游历，尤其是怀才不遇之人，通过寻访昔日梁孝王刘武与著名文士司马相如、枚乘、邹阳等君臣相知的历史遗风，以释放理想无法实现的郁闷心情，即所谓“梁宋情结”。不知达夫是凭吊古人，还是伤怀自己，总之，来到商丘，达夫便做起了客翁，自搭茅屋，修建起乡间别墅，过起了诗书耕读的农夫生活；也有说他家境穷困，潦倒如乞丐（《旧唐书》：少家贫，不事生业，客于梁、宋，以求丐自给）。总之，这一待就是十年。耕种，读书，写作，倒也怡然自得。忽一夜，自安陵登舟时随身携带的那把“吴钩”，此刻竟然在草屋壁上，铮铮然作响，瞬间，那血脉里汩汩的游侠豪气与欲建功立业的英气又复沸腾。别忘了，高达夫本渤海高氏后裔，祖上曾为皇族（北齐高氏）；其祖父是大名鼎鼎的安东都护高侃，大唐安疆拓土的一代名将。“宁为百夫长，胜作一书生”，达夫顿觉豪气冲天，自己本就是驰骋沙场的命啊。他一拍脑门，整理行囊，告别家人，离开宋州，沿着运河一路向北。到了燕赵之地，他先后投在朔方节度副使信安王李祎帐下、幽州节度使张守珪幕府，打杂，写战报，顺便写写诗。作有《信安王幕府》《塞上》《蓟门五首》等诗。虽没有什么战功，却赢得了诗名。

夜壁冲高斗，寒空驻彩旃。

倚弓玄兔月，饮马白狼川。

幽州多骑射，结发重横行。
一朝事将军，出入有声名。

一介布衣，没有军功，混在军队里毕竟不是长久之计。达夫不死心，转身又去了长安，正式参加了科考，但是……落第了。达夫悻悻然离开长安。一年后，高达夫重回商丘，继续耕种读书。这一待又是十年。但是这十年间，却是高适人生当中颇不寻常的十年。因为在这期间，他出走魏郡、楚地、东平等地游历，足迹遍布河北、河南、湖北、湖南、山东大部。在这游历中他结识了盛唐时期另外两位在诗坛上熠熠生辉，至今闪耀着夺目光辉的大诗人——“诗仙”李白和“诗圣”杜甫。而后来，他与李白之间还有一段“江湖恩怨”，但那是又一个十年之后的事了，我们先说此时。

此时是天宝三年，公元744年。李白在完成布衣入卿，写就“云想衣裳花想容，春风拂槛露华浓”之后，却因“天子呼来不上船，自称臣是酒中仙”的疏狂性格，被玄宗赐金放归。李白辞别帝京，纵情山水，在洛阳遇上了正做齐赵之游的杜甫，二人同游梁、宋（今河南开封、商丘一带），而仕途不顺的高适此时也客居于此。名满天下的李白，初出茅庐的杜甫和仗剑游侠的高适三人便在梁园相会。时值秋日，他们一起漫游梁宋。登吹台，游梁园，三人怀古论今，诗酒唱和，“醉眠秋共被，携手同日行”。高适诗《宋中别周、梁、李三子》：

李侯怀英雄，肮脏乃天资。

方寸且无间，衣冠当在斯。

俱为千里游，忽念两乡辞。

诗中称赞李白傲岸不群，表达了对李白的欣赏之情。高、李、杜三人通过这次梁宋之游，结下了深厚的友谊，以至于多年之后，他们还互赠诗文，回忆当年盛游的往事，也留下了文学史上的千古佳话。这一年，李白四十三岁，高适四十岁，杜甫三十二岁。

其后，高适继续着客居和求仕之旅。五年之后，公元749年，已年至四十六岁的高达夫，在张九龄之弟睢阳太守张九皋的荐举下，应有道科，中第，“调封丘尉，不得志”。一年后辞封丘尉，仕途虽然不顺，但却另有收获，几年的边塞生活没有给高适的生活带来什么起色，写诗却是日益精进。“雄浑悲壮”是其边塞诗的突出特点。

“其性傲于权贵，窥察洞明。及冠始留意诗什，以气质自高”（《旧唐书·高适传》）“评事性拓落，不拘小节，耻预常科，隐迹博徒，才名自远。然诗多胸臆语，兼有气骨，故朝野通赏其文。至如《燕歌行》等篇，甚有奇句。”（《河岳英灵集》)“高适的诗，写边塞，苍茫而不凄凉，赋送别，荒渺而不凄切，皆脱前人窠臼，开一代诗风，其诗又以厚重深沉著称，擅长古风，所写边塞诗在冰寒之中包含着热力，在荒凉之中蕴涵着活力”，故“每吟一篇，喜为好诗者称颂”。诗名越来越大，“每一篇已，好事者辄传布”。在长安，高适还与王昌龄、王之涣知己相交，留下了“旗亭画壁”的佳话。此事真伪尚不可考，但由此可见，高适的诗因其雄浑绮丽而又直抒胸臆，就像现在的流行歌曲，在当时也是广为传唱、吟诵。

但是，这一切并不能阻挡高达夫立志从军、建立功勋的抱负。诗坛盛名之下的高适心中还是空落落的，总觉得大丈夫生逢于大唐盛世，当建功立业，只过一个诗人的人生，不免有种说不出的缺憾。“倚马见雄笔，随身唯宝刀。”经过两次北游燕赵之历练，再加上客居长安大都市见到的格局，他觉得自己必须找到一条不同寻常的前路。天宝十一年（252年）秋冬之际，高适奉命前往西北首府凉州（今甘肃武威）河西节度使哥舒翰幕府工作，随同边防大军在青藏高原与吐蕃作战。也许是基因使然，这个将军的后代，一旦随军从戎，拿起武器，便本能地披荆斩棘、一路狂奔，半百之前他那失落在尘土中的人生也就此一路顺遂，走向高峰。哥舒翰是唐玄宗极为倚重的名将，他看出高适不仅仅是个诗人，更是一个胸怀大志的战士，就把他留在军中做幕僚，任命他为左骁卫兵曹参军掌书记——作战参谋，此时的高适已经四十九岁。

渔阳鼙鼓动地来，惊破霓裳羽衣曲。

天宝十四年（755年）冬，安禄山反叛，五十二岁的高适，拜左拾遗，转监察御史，佐哥舒翰守潼关。哥舒翰战败被俘，潼关失守，唐玄宗连夜从长安出逃，前往四川。这时候的高适，从乱军之中逃出，星夜兼程，抄小路追上唐玄宗，为皇上分析战情以及潼关失守的原因。唐玄宗随即升任其为侍御史，擢其为谏议大夫。这一次高适押对了宝，站在了皇帝和太子这一边。而那个我们前边提到的天真而又任性的李白却没有这么幸运，这就为后来的故事埋下了伏笔。

盛唐时期的诗坛可谓群星闪耀。高适同时代的诗人，贺知章、李白、杜甫、王维、王昌龄、王之涣、岑参，哪一个不是一座高峰，哪一位的诗为，不是令吾辈高山仰止。然而同高适相较，又大多命运多舛。而这以后的几年，高适却如注满燃料的火箭，开足动力，一路飙升，终至封侯。高适布衣面世，人海沉浮——望族后裔，乞丐，农夫，幕僚；客居，旅居，游侠。四十九岁后，从一个普通从八品的幕府掌书记起步，短短十几年至封渤海县侯。“卒，赠礼部尚书。谥曰忠。”死后还加赠了官职，敕封了谥号。“有唐以来，诗人之达者，唯适而已。”

倏忽间，我的眼前掠过银鞍白马如飒沓流星。

行子对飞蓬，金鞭指铁骢。
功名万里外，心事一杯中。
虏障燕支北，秦城太白东。
离魂莫惆怅，看取宝刀雄。

——高适《送李侍御赴安西》

历史的过往，如云朵般，倒映在这水流渐枯的古老运河中。云聚云散，随风飘逝。随着一声“上车了”的呼喊，思绪被拉回到现实，眼前只有这北国深秋的树木，在风中萧瑟，一同萧瑟的，还有那运河边结花的芦苇，以及我那遥远的，分不清孰是孰非，亦真亦幻的思绪。

其实，我几番梦回大唐，只是执着于追寻他的足迹，哪怕只是一个绝尘而去的背影。

【作者简介】

端木杉，河北省作家协会会员，衡水市中华经典诵读学会社长，衡水市图书馆“湖城悦读”读书会会长。

◎衡水阅读行走图

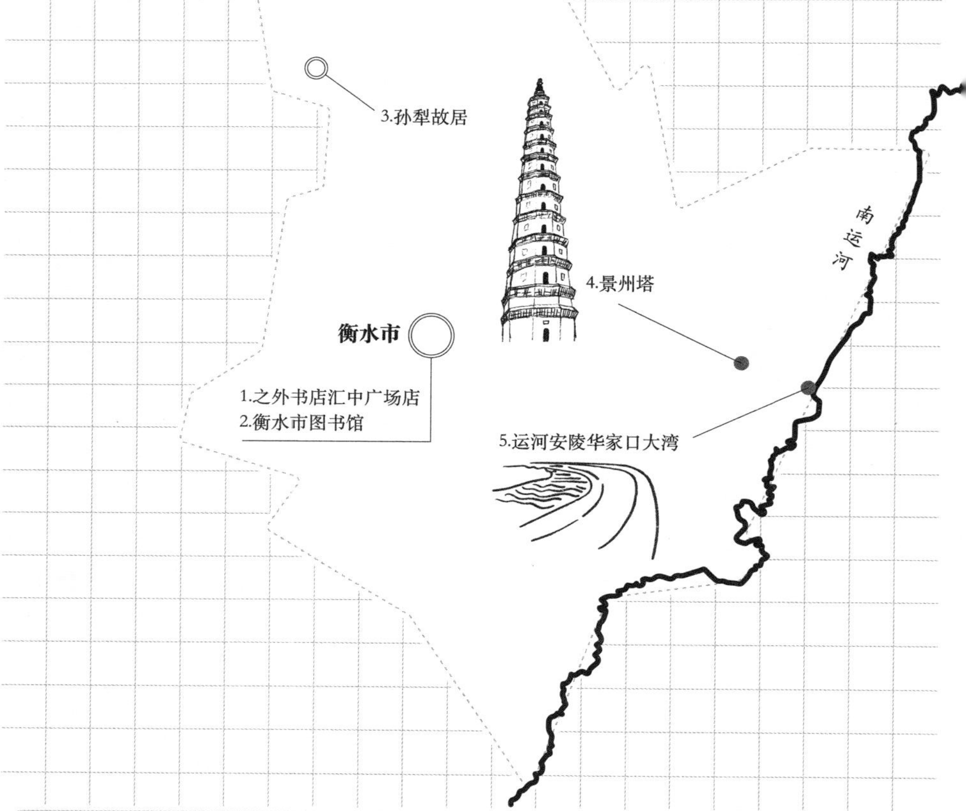

1.之外书店汇中广场店

河北省衡水市桃城区红旗大街41号

2.衡水市图书馆

河北省衡水市桃城区河阳东路2号
文化艺术中心C区

3.孙犁故居

河北省衡水市安平县
大子文乡孙遥城村

4.景州塔

河北省衡水市景县景安大街245号

5.运河安陵华家口大湾

河北省衡水市景县安陵镇华家口村

女儿情，叙乡谊　一条运河穿人心

张明伟

我是不喜欢商人的，也没什么特别原因，只是年少时白居易说“商人重利轻别离”，后面的日子里随着年龄和阅历的增长依旧记得这些琐事。

京杭大运河西岸有一处富丽堂皇的古建筑群，远看，琼楼玉宇，璀璨多姿；近看，雕梁画栋，金碧辉煌。这座国家重点文物保护单位——山东聊城山陕会馆，位于东昌府区东关双街古京杭运河西岸。它坐西朝东，沿中轴线对称排列，曾经是山西、陕西商人为“祀神明而联桑梓”集资合建的神庙与会馆结合的建筑群，整个建筑由山门、戏楼、夹楼、钟鼓楼、南北看楼、南北碑亭、南北大殿、春秋阁等组成。

初见它被他雄伟的山门震撼，闻之收费并未进入，骨子里依旧觉得花这个钱不值得。

工作原因，进入其中，却就此扭转了我内心的固有想法。

明清之时晋商崛起，运河的交通地位再次凸显，山陕甘地区与南方各省的商品货物通过这种方式流通。清朝康熙、雍正年间，山西商人和陕西商人利用秦晋邻里之好，相互结合，共同对抗徽商，动员两省商户积极募资，共建了山陕会馆。当时的会馆除了祭拜关公外，跟现在的会所很像，有很大的私密性和目的性。山陕会馆的建立团结了当时散落在异地的秦晋商人，为流动的商人提供了休息交流的场所，他们在这里互通商情、维护同乡和行业利益、调解商业纠纷，助力聊城商贸业的发展。

聊城山陕会所并不是在商言商，而是随着时代的发展，维护同乡情谊成了它存在的重大意义。人们说，“一座山陕会馆，半部商业历史”，我却觉得，“一座山陕会馆，一个民族的人情史”。

这是儿女情。

面对新冠病毒肺炎疫情的那些天里，我总在想：山河明媚时，人间必无恙。复工复产的日子里，我独自去往会馆门口张望，忆得那日游程。

古人建造房子是非常讲究的，更何况还是有钱的秦晋商人，他们不可能把房子建成坐南朝北。留存下来的会馆主体建筑也是这样告诉我们的，所以现在看到的大门只是为了参观和进出方便而已，导游告诉我说，原来这里有一大片建筑群，后来因为种种原因被烧毁了，留下来的是要当作宿舍得以保留，实属万幸。

聊城古称东昌，而东昌的由来又有一段传奇的故事。今天口耳相传的是“江北水城，古韵聊城”，是啊，聊城好像自古便与水结缘，也因为聊城古城池位置和布局状若凤凰，故素有“凤凰城”之称。

对此，还有一个传说：聊城一带原是一片梧桐林，住着一对凤凰，统率着林中百鸟，过着幸福的生活。有一年发大水，东海一条恶龙来到此地，驱走了凤凰，使这一带变成了一片汪洋，人们叫它东州湖。地方官见湖波荡漾，周围林茂花繁，景色优美，便想在湖边建城，但工匠们感到工程艰难，均不敢承担。这时，来了两个人，一个叫王东，一个叫王昌，他们自告奋勇，愿意承建。原来这两人就是被恶龙赶走的那对凤凰所生的儿子。王东、王昌建城，凤凰率百鸟送来木石用料，不长时间，一座雄伟的湖城建成了。人们为了纪念凤凰在建城中的功绩，便将该城起名为凤凰城。后来，东海恶龙又兴风作浪，企图摧毁新城。王东、王昌力战恶龙，恶龙逃往东海，扒出一条水道，引海水来灌城。为救凤凰城的百姓，王东王昌兄弟二人钻入水下，用身子堵住了水道。人们为感谢两兄弟献身保城救众的高尚品德，便将凤凰城又改名叫东昌。

这是儿女情。

这座地处鲁西平原的城市，代表中国商业文明的京杭大运河和孕育中国农业文明的黄河在此交汇，水陆交通便利。从宋朝开始，聊城借京杭大运河的漕运之利，声名日隆，八方商旅，船装水运，两岸会馆，生意兴隆，聊城因此成为中国古代闻名的九大商埠之一。山陕商人在近代前后几百年的历史长河中，乘着诚信和谐之风，行走天下，熠熠生辉，于乾隆八年（1743年），合资兴建山陕会馆，在这座富丽堂皇、雕梁画栋的文化圣地，住宿、议事、交易、酬宾。

我看过一首诗：

庙馆东昌汭，漕河磴砺湔。

槐耋胪亘古，狮砥叙坤乾。

雕绘弥清史，楹书阜贾铨。

楼钟敲斗柄，湜水憩樯船。

一首诗，一下子就把晋商、秦商对国精忠、对商大义的品质从那几百年前的盛世中体现在我眼前。那烙印下，那个时代的繁华，被史学家称之的中国封建社会的回光返照。据史载，康乾盛世后期，中国的国内生产总值占整个世界的三分之一。在此期间，社会稳定，商业贸易十分繁荣，各种商品行销海内外，经济快速发展，人口增长迅速，疆域辽阔。

这些叙乡谊、共进退的发展让彼时的中国强极一时。

然而，在商业的高度发达与社会的繁荣中，清朝统治者不能审时度势，居安思危，而是妄自尊大，以“天朝上国”自居，称四方皆蛮夷。甚至，乾隆帝在《敕谕英吉利国王书》中说：“天朝物产丰富，无所不用，原不籍外夷货物以通有无。”

闭塞的封建自然经济，自然没有交往贸易的必要。

于是圣旨下，重农抑商，关闭国门！中止了明代以来的西学东渐。当时西方国家已经大步进行资产阶级革命和工业革命，跨入生产力迅速发展的时代，大清帝国还吟唱着“你耕田来我织布”的田园牧歌，严重阻碍了工业化进程。

闭关锁国，与世隔绝，既看不到世界形势的变化，也未能适时地向西方学习先进的科学知识和生产技术，使中国在世界舞台上逐渐落伍了。落后就要挨打，1840年英国的炮火强行打开国门，清政府从一个泱泱大国变为一只任人宰割的羔羊，一步步沦为西方列强的半殖民地。试想，如果励精图治，鼓励发展工商业，积极发展对外关系，盛世也许会持续吧！

这座盛于一时的商埠，渐渐隐去了她的身形，隐隐淹没在历史的尘埃中，沉重的会馆大门紧紧闭塞。

经过三十年的壮观增长，2010年中国国内生产总值超过日本，成为仅次于美国之后的世界第二大经济体。举目抬头，一道美丽的彩虹悬浮在会馆上空。

从改革开放伊始到今天，中国人用一双双勤劳的双手打拼出一片属于中华民族的天空，儿女情没什么不对，中华民族的乡情乡谊，才是我们一路前行最坚实的护航者。

山陕会馆伫立于运河水畔二百六十余年，在春来秋往中见证了古聊城商贾云集、经济繁荣的历史，见证了中华民族备受屈辱的历史，见证了新中国成立后，特别是改革开放以来聊城发展变化的历史。如今一颗璀璨的明珠镶嵌在广袤的鲁西平原上，贯穿中国南北的京九铁路与连接祖国东西的胶济邯铁路及高速公路在此相交，形成“黄金大十字”，为聊城的发展注入了新血液。

抬头凝视，你的每一处雕梁画栋都是我心潮澎湃的引子。

【作者简介】

张明伟，教师。

◎聊城阅读行走图

1.傅斯年陈列馆

山东省聊城市东昌府区东关街111号

3.山陕会馆

山东省聊城市东昌府区大码头街

2.海源阁藏书楼

山东省聊城市东昌府区
楼南大街11号

4.光岳楼

山东省聊城市东昌府区
楼北大街28号

大运河滋养的临清

刘北

有人说，认识一座城市，可以从一首诗或者一篇文章开始。如今回想起来，还是很有道理的。“每个人都有个故乡，人人的故乡都有个月亮。人人都爱自己故乡的月亮。我的故乡是在山东西北部大平原上……”季羡林先生在《月是故乡明》中如此写起自己的家乡临清。他在《文采风流今尚存》重笔写起临清：“我的家乡是鲁西北的临清，同从文先生的家乡湘西的边城，迥异同趣。他的家乡有沅水，我的家乡有大运河。”

1984年春天，我随父亲到离家百余里的临清读书。这座城市不同于老家的县城，大多少倍我一时说不上，道路很宽，街巷很多，楼房很高，商店的牌子一个接一个，觉得眼睛根本不够用。我就读的临清市第三中学，就是臧克家先生1937

年任教的山东省立第十一中学，后先后改为山东省立临清中学、临清市回民中学、临清市民族实验中学。学校面朝考棚街，后被元代运河环绕，左是县治遗址为南首的纸马巷，右是楼阁式的建筑群鳌头矶，由建于明代嘉靖年间的清源书院改建而成，曾是明朝直属京师督烧贡砖的“工部营缮分司”。清源书院与县治遗址南跨街门楼文昌阁并肩而立，院中挖池栽莲以“书院荷香”成为临清一景，夏日荷花盛开、书声琅琅、墨香荷香交融，抗日英雄张自忠将军曾在此读书，臧克家在这里三年零三个月的时间写了自传体千余行长诗——《自己的写照》和《运河》《古城的春天》《大寺》《黄风》。臧克家先生在诗歌《临清，你这运河上的古城》中写起了他对临清的一往情深：

临清，
你这运河岸上的古城，
像一只飞鸿。
我曾在你身边留影，
留影也留声，
我的几百篇诗歌，
就在你这土地上产生。
……

正值少年的我，自此走进这座运河城市，走进运河岸上的街巷，走进运河的桨声水影，便也与这条运河有了不解之缘。孩提时代的欢乐与苦楚，大多成为河里的浪花倏尔即逝，仅存三五运河岸上的“青葱”记忆。那时的懵懵懂懂现在想来是不足挂齿的，当初对文学的偏爱要算得上远大理想和海誓山盟。臧克家先生的诗歌《有的人》让我们读得声情并茂，就像能看到他在我们的学校伏案写作的身影。

随着年龄的增长，临清在心中愈加沉重，运河水在血液里愈加浓重。在一本本古籍里，临清像被运河装订成的线装书，每一条街巷、每一家店铺、每一个院落都承载着久远的历史和厚重的底蕴，运河两岸的馆驿、寺院、码头像等待寻踪觅痕的文化符号。据统计，明清小说流传的五百余部，有关运河的有三百多部，这三百多部小说大多与临清有关，其中《老残游记》《梼杌闲评》《拍案惊奇》等最多得提到临清或在临清生活的人和物品。《梼杌闲评》曾这样书写临清的繁华：“这临清是个热闹繁华大码头去处，商贾往来之所，车辆辐辏之地，有三十二条花柳巷，七十二座管弦楼。”但是，对临清的翔实写照莫过于被鲁迅称之为“诸‘世情书’中”最有名的《金瓶梅》了。《金瓶梅》从第五十八回开始到第一百回的四十二回中，有二十五处直接写到临清，如临清州、临清码头、临清钞关、临清闸、临清晏公庙、临清市上、白布巷、箍桶巷、广济桥、水月寺、狮子街、二闸等，香巷、钞关、砖厂、教场、帅府等街巷仍有迹可查，方言俚语仍不绝于耳，第九十八回的标题即是“陈敬济临清逢旧识，韩爱姐翠馆遇情郎”，足可遥想《金瓶梅》故事背景地临清当年的繁盛，也不得不追溯起商税曾居八大钞关之首的临清钞关。

有人说，《金瓶梅》是蘸着运河水写成的，是古代市井小说的巅峰之作，就像《清明上河图》一样，是市井生活的“风俗”，是市井文化的“通俗”，是运河流淌而来的“民俗”。《金瓶梅》第五十八回写道：“韩大叔在杭州置了一万两银子的缎绢货，见今直抵临清钞关……”第四十七回写道：“苗青伙同船夫杀害主人苗天秀后，另搭船只，载止临清码头，钞关上过了，发卖货物不提。”第五十八回写道：“西门庆生日这天，胡秀递上账书称，韩大叔在杭州置了一万两银子的货物，现直抵临清钞关，缺少上税钞银两，讨了银两方才纳税起脚……”第五十九回中写道：“西门庆差人给临清钞关的钱老爹写去一封信，又送上五十两银子。”创建于明宣德四年的“临清钞关”是明清两代南北漕运“舟航之所必由咽喉要地”。明朝万历年间，临清钞关比京师崇文门钞关犹有过之。钞关署坐西朝东，中轴线上自东向西依次为运河阅览厅、通商坊、裕国坊、关堞、关署正门、公堂，北侧院为巡栏舍人房，南侧院为船料房，共有厅、堂、房四百余间，占地三万平方米。

据《临清州志》记载："宣德十年，朝廷在临清设立户部榷税分司，作为中央驻临清的派出机构，以督关税。"在明朝万历年间，也就是《金瓶梅》一书问世的时间段里。从以上描述中我们可以得知，当时临清钞关的地位有多么重要。如今，临清钞关成了国内仅存的钞关，被确定为国家重点文物保护单位，被称赞为"天然的明朝历史博物馆"。

《金瓶梅》中，数次提及的还有"临清闸"，"王老过了广济闸大桥，见无数舟船停泊在河下"，"一日到临清闸上，这韩道国正在船头站立，忽见街坊严四郎从上流坐船而来，往临江接官去了"，"这临清闸上，是个热闹繁华大码头去处，商贾往来、船只聚会之所，车辆辅辏之地，有三十二条花柳巷，七十二座管弦楼"。从这些稍带夸张的文字描写可以看出运河闸繁华之至。据《临清州志》记载，元代元至二十六年（1289年）开凿会通河，设闸分流，元至三十年（1293年）在临清境内共建闸四座。明朝永乐十五年（1417年）重新修建了头闸和二闸，时至今天，二闸仍然保存比较完好。临清运河二闸现在是整个大运河上现存元明两代最为完整的水闸，是运河上的一个重要地带，临清也理所当然地被誉为军事重镇、商业都会，时称"临清码头甲天下"。

老一辈人常说："北京城是漂来的。"这与明永乐皇帝大规模营造北京城有关。当时，很多砖石、木料都是自南方顺着大运河一路“漂来”。这“砖石”之中，国家级非物质文化遗产“临清贡砖”当数至关重要的。北京故宫、天坛、地坛、日坛、月坛、各城门楼、钟鼓楼、文庙、国子监及各王府营建中所用的临清贡砖比比皆是，处处可见。明十三陵、清东陵、清西陵等皇家陵园营建中所用的“寿工砖”也由临清烧造。此外，南京中华门城墙、玄武桥，曲阜孔庙，德州减水坝，张秋镇荆门、阿城、七级等闸坝等处也相继发现临清贡砖，这些砖至今不碱不蚀、敲击有声。五百多年的历史中，临清烧造贡砖时间之长、数量之大是中国任何地方无法比肩的。《临清州志》记载：“永乐初，工部在临清设营缮分司督理烧砖业，岁征城砖百万，顺治十八年裁营缮分司，由山东巡抚领之。”临清成为明清两朝皇家建筑用砖主要基地，临清的砖窑厂在当地也被称为“官窑”。《金瓶梅》第四十九回中写西门庆迎请宋巡抚时曾提到“安凤山已是工部主事”，第六十五回也写道，“李瓶儿死后管砖厂的工部黄老爹来吊孝”。从史料和《金瓶梅》中的描写，可以看出临清贡砖的确红极一时。康熙时客居临清的江南文士袁启旭曾赋诗吟咏：

秋槐月落银河晓，清渊土里飞枯草。
劫灰助尽林泉空，官窑万垛青烟袅。

过了不惑之龄后，我对运河亦是情有独钟。明清时期，意大利耶稣会传教士利玛窦在临清经税监马堂同党斡旋获得皇帝御批，日本策彦周良和尚以日记体著述《入明记》，朝鲜人崔溥《漂海录》以日记体叙写一个外国人眼中的明代早期运河沿岸城市——我时常揣测，当时的临清在他们眼中会是怎样的一种模样，又有多少没有凝于笔端而留存在了记忆中，又会有多少感想随风而去。

我只能惘然徜徉在曾经“帆樯如林，百货山积”的临清，循着尘封的运河号子，走进久远的涛声帆影，走进那些依然缄默噤声的景致。

坐落在临清城北郊卫运河套内的舍利宝塔可谓临清的标志性景观，明清时期同通州燃灯塔、杭州六和塔、镇江文峰塔并称运河四大名塔。历经四百年的风雨沧桑，宝塔仍不失当年的雄浑高峻、巍峨壮观，实在难能可贵。沿石阶旋转迂回，登临塔顶，仍可见运河如带，波光无际，风摇钟鸣，不禁为“东兴岱岳”“西引太行”“秀聚中天”而赞叹。

鳌头矶可以称得上诗情画意的一处地方。它位于临清市中心会通河分叉处，是一组结构精巧、古朴典雅的楼阁式建筑，明正德年间知州马伦因其形题名“鳌头矶”而沿用至今，建筑群包括观音阁、望河楼、李公祠。观音阁为砖木结构，四面开门。清代进行修缮时改砌三面墙，顶部加筒瓦，负荷增重，两面山墙开有八角形窗口。其基座为方形台基，九米见方，前后台基砌以女儿墙作栏，名“登赢楼”。登临二层阁楼，正面楼阁门楣可见乾隆皇帝“汶卫津梁”的题匾，可见鳌头矶据运河漕运咽喉之地绝非主观想象。自古以来，文人骚客远眺运河船来舟往，倾听码头人声鼎沸，赋诗抒怀，留下不少千古佳作。明朝大学士李东阳曾赋七绝：

十里人家两岸分，层楼高栋入青云。
官船贾舶纷纷过，击鼓鸣锣处处闻。

极具神韵地描绘出了临清古色古香的意境。

流淌了两千余年的运河滋养着两岸的人民和文化，绵延数千里的运河除了商贸往来，众多的文人墨客、帝王将相、才子佳人也由此游山玩水，隋炀帝曾三次借助运河巡游江都，清康熙帝、乾隆帝曾六次“奉母游江南”，意大利著名旅行家马可·波罗在元世祖忽必烈的支持下沿运河到江南巡游。因此，运河成为一条时尚的河，临清便因其而神采飞扬。

临清还拥有丰富的宗教文化，境内佛、道、伊斯兰、天主、基督五教俱全，清真东寺、北寺、大宁寺等仍是信徒们按传统方式进行活动的场所。此外临清还拥有诸多的历史名人，唐初以《秦王破阵乐》而著名的哲学家、音乐家吕才，被称为长安著名诗人“后七子”领袖人物的谢榛，闻名海内外的明代著名文学家、书法家方元焕，20世纪20年代卓越的史学家、语言文学家吴秋辉，抗日英雄张自忠，学贯中西的学界泰斗季羡林，使临清深厚而闪亮起来。

在过去两千多年的漫长岁月里，临清诠释着城市的沉浮与荣华。等你千年，古城临清正展开惊世画卷；等你千年，运河涛声正为你诵读神奇诗篇。如今的运河，可乘一座古船，顺流而下，在一片桨声灯影里观赏两岸，在一片河水天光中尽情徜徉，张起梦想的风帆。临清——有运河作证，为运河作证。

【作者简介】

刘北，中国作家协会会员，山东省青年作家协会副主席，山东省作家协会儿童文学委员会委员。

◎临清阅读行走图

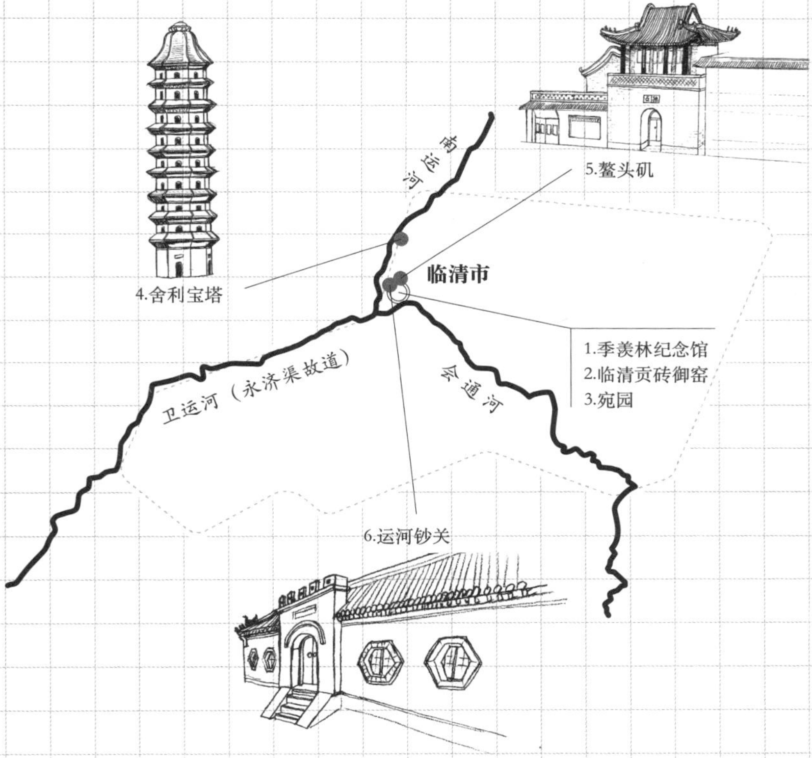

1.季羡林纪念馆

山东省临清市运河文化中心

2.临清贡砖御窑

山东省临清市东南约12公里的运河右岸

3.宛园

山东省聊城市临清市大众路宛园景区

4.舍利宝塔

山东省临清市先锋路街道办事处大桥村

5.鳌头矶

山东省临清市卫运河分叉处

6.运河钞关

山东省临清市马市街104号

九达天衢　神京门户

安俊

岁月不居，时节如流，运河汤汤，日生不滞。问君何处寻觅那曾经维系一代代王朝兴衰的沧浪之水？问君何处听闻那艄公纤夫的歌谣和风云人物的袅袅跫音？有“九达天衢、神京门户”之称的德州给出了答案。

大运河德州段由九十六公里长的卫运河和四十五公里长的南运河组成，原为汉屯氏河，隋唐之永济渠，北宋时期黄河夺流，金代设陵仓以利漕储运，元朝济州河、会运河开通后，始成南北漕运大动脉。明清时期，德州段运河递运南粮赴通州量达四百万到六百万石左右，德州更成为屯兵重镇和经济重镇，可谓“人文飙起，名卿蝉联，实甲山左”。到民国，大运河可航汽船、木船，新中国成立后成为季节性河流；至千禧年成为运河生态观光带。

说到粮仓，在百姓眼中，丰实盈满实乃好事一桩，但对政治家而言，却意味争夺要地。历时四年的靖难之役仅在德州就打三个年头，燕王朱棣取胜后，建预备仓（常丰仓）、德州仓（广济仓），以户部司员分司仓事，此后五百年间与京杭大运河沿岸城市淮安的丰济仓、徐州的广运仓、山东的临清仓并称为“四大名仓”。从1403年至1787年，德州城平民与军户居民总数从8436人增长至66189人。

明清时期，德州有驸马营、边北营、哨马囤等护仓的十二连营，如今本地众多地名中仍带有“营”和“囤”字，这是大运河漕运历史的烙印。不过仅有北营村的名字中的“营”与粮仓无关，而是与长眠于此的苏禄王有关，堪称中外友好交往、文化交流的典范。明末清初学者顾炎武有诗曰：

丰碑遥见炳奎题，尚忆先朝宠日殚。
世有国人供洒扫，每勤词客驻轮蹄。
九河水壮龙狐出，十二城荒向鹤栖。
下马一为郯子问，中原云鸟正凄迷。

明永乐十五年（1417年）夏，菲律宾岛西南部的苏禄国东王巴都葛叭哈剌、西王麻哈剌叱葛剌麻丁和峒王叭都葛巴剌卜“空国来归，鳞次阙下”，率领三百四十多人的庞大使团来朝贡，彰显向化之笃。成祖激动不已，御笔一挥，降旨运河沿途地方官员照例提供口粮及相关开销，以国宾规格接待。二十五天后，使团从泉州到浙江沿海，沿着京杭大运河北上到达通州运河码头，这也忙坏了运河沿线的军民。仅淮扬运道的江都、宝应及山阳等一线建有闸二十三座，设浅铺五十一处，各处投捞浅船两只，捞浅夫十名，还申请三千名兵士临时增援，披星戴月，大干半月，才告圆满，却有四人因公殉职。大运河沿岸所有的管泉老人、泉夫全天候值班，确保运河水源充沛，工部侍郎更会同沿河省份巡抚、巡按督责三司府卫官并管河管泉官员组成检查组全面验收，保证全线通航。

在奉天殿内，苏禄国三王向明帝“进金缕表文，献珍珠、宝石、玳瑁诸物”。明成祖以“印诰、袭冠带及鞍马、仪仗器物”还礼。此后，遍览宫殿苑囿、名山胜地，二十余日后南下回国，两岸青苇白荻、红莲绿荷。至德州时，东王巴都葛叭哈剌不幸染上风寒于九月十三日客逝于德州。噩耗传至北京，明成祖亲写悼文，派礼部郎中陈士启携带着前往德州致祭，并依诸侯王陵规格建造陵墓，土垒十二所，周方数里，成拱卫环绕状，前庙后墓，魂魄相依，拨历城、德州夏、马、陈三姓回民五百多人供守墓的东王王妃及次子、三子差使。两位王子成人后和回族姑娘通婚，繁衍生息，聚居守墓，成就了北营村。清朝雍正九年（1731年），东王的后人以温、安两姓加入中国籍。其中，东王第十六代后裔安树德曾参加反张勋复辟运动，后成为抗日名将。

今日，“苏禄王御园”的讲解员还会介绍：返回苏禄的东王长子继承父王遗志，继续与明朝通好；苏禄贵族1421年更贡献一颗七两多的特大珍珠，并表示自己是东王三子的后人。穿过牌楼，可见甬路两侧立有石马、石人、石狮、石猴、石柱等，守卫王灵。沿着甬路直行是灵恩殿，供着一幅苏禄王身着中国红色官服的画像。殿后是圆形穹顶坟墓，长满郁郁葱葱的野草，墓碑上书“故苏禄国恭亲王墓”。墓外有各时代碑刻的遗迹。灵恩殿东南方位的三座较小坟墓则是王妃及膝下儿子的坟茔，四人终得团圆。在祭庙门口则竖立着一块中英文书写的铸铁碑文，造型像一本打开的书。铸铁中有一半是专门从菲律宾运来的，上面详细记载了苏禄国东王访问明朝的经历。

大运河不仅仅是文化交流的开放之河、文化融合的主要纽带，还是沿岸城市的母亲河，经济发展的大动脉。历史上，由于南运河段两岸地势低洼，雨季里堤岸时常溃决，1490年黄河于决原武，卫河灾情严重，户部左侍郎白昂凿小河十二道，将减河上口移至德州西南的四女寺镇，并置堰建闸防止山东、直隶一带运河河水泛滥。明清时期，九达天衢坊旁的船只首尾相接，码头众多，一排排过去绵延数十里。后来运河浅梗，河运困难，1901年清廷废止漕运，河闸淤废。1955年四女寺减河河道重新疏浚，1957年四女寺水利枢纽兴建，为抵御1963年洪水作出了贡献，1971年扩建后有“北方葛洲坝”之美誉。匹女寺水利枢纽工程东北不远处有个不显眼的水闸，是引黄济津潘庄线路倒吸虹工程跨越漳卫河入南运河向天津输水的关键节点。而四女寺水利枢纽工程由南进洪闸、北进洪闸、节制闸、船闸、兄弟灌区引水涵洞组成。节制闸位于南运河道，控制南运河输水与泄洪，三孔净宽各8米，过闸流量400立方米每秒，而船闸可通过400吨至1000吨船队，多是运输煤炭、矿石和木头。当时德州航运局员工有3000多人，货船600多艘，拖轮30多艘，甚是繁忙。20世纪70年代末，人们沿河岸还能捉到龟蟹等水产品，现如今卫运河干涸、地下水位下降，船闸也渐渐破损，基本成为两岸村民过河赶集的捷径，船员有的去上游微山湖讨生活，有的去了黄河航运局。人虽各奔东西，但是那此起彼伏、曲调多样的“咳吆嘿”摇橹号、“噢哩噢嚎咳”拉纤号、撑篙号、警戒号等十几种船工号子，依旧回荡在耳边。

四女寺镇还有一个广为流传的传说：公元608年隋炀帝开凿永济渠后，德州西南约二十四里的武城县安乐镇上有一傅姓夫妇，生了“四朵金花”，知书达理，孝敬父母。转眼间女儿相继成人，傅氏夫妇已年近半百，膝下无子，想到无人继承家业，不免黯然神伤。大女儿体谅到父母的苦衷，便与三位妹妹商量说："父母年纪大了，咱没有幼弟长兄，以后姐妹四人各自嫁人，父母就无人照料。我倒有个主意，可以两全其美。我留在家里侍奉父母终生，一来可以使父母安度晚年，二来你们出嫁后也就不用时刻挂心父母了。"三人一听，异口同声地反对："都是一母所生，姐姐不嫁人，我们怎好撇下父母各寻安乐呢？愿和姐姐一道奉养双亲！"大姐看妹妹们态度坚决就说道："既是这样，那就看天意吧。咱姐妹四人各栽一棵槐树，槐枯者嫁，槐茂则留，不知你们意下如何？"三人齐声说好。

就这样姐妹四人各自在大门口栽了一棵槐树，日夜留心，都祈盼自己留在家中。谁知数月后，四棵树全都枝繁叶茂，亭亭玉立。大姐不忍心贻误妹妹们的青春，便偷偷用热水浇灌她们三人的槐树。不料这一举动被时刻在意槐树的妹妹发觉了，于是纷纷效仿大姐的做法，用热水浇别人的槐树，然而过了些许时日，四棵槐树更加茁壮了。大家疑是天意，越发坚定了留家尽孝的决心。

到了谈婚论嫁的年龄，四女又矢志不嫁，并将所议之事及植槐告知父母。二老闻言大惊失色，极力劝阻。不过四女为表心意居然换上男子衣冠学儒生习诗词书画，绝口不提婚嫁之事。二老只好作罢，就这样，四女二十年如一日奉亲至孝，四棵槐树亦日渐粗壮、郁葱成荫。某年秋天，南运河东岸决口，淹没许多村庄和大片良田。这无情的洪水毁了四姊妹的家园，吞没了双亲，她们奋不顾身地跳入决口处，用身体挡住洪水。奈何时间过长筋疲力尽，一个恶浪打来，四人消失了，但是四人手植的槐树却巍然挺拔，屹立于决口处抗拒着汹涌的洪水。与洪水搏斗的人们便以这四棵槐树作为桩基，最终堵住了决口。为了纪念这四位奇女子，人们为其修建“四姑庙”，塑像供奉。此事很快传遍十里八乡，过往客商亦争相入庙祭祀，遂使镇上店铺栉比，商贾云集，买卖兴隆，富甲一方。后人念及四女英勇献身、造福故里的功德，就把安乐镇改名为“四女寺”。历朝官府在此设漕运、盐铁、税收、商业等多个管理机构，故有“恩县衙门在寺上”之说。

大运河从德州这片“控三齐之肩背，穿河朔之咽喉”的交通要地上流过，流走了野花和萤火虫的梦，流不走的是德州“三宝”的美味和当地人坚忍执着的生活信念。俗语说：德州有三宝，扒鸡、西瓜、金丝枣，跟着帝王天下跑。“初唐四杰”之一的骆宾王在品尝了德州西瓜后，附诗一首：

一顷南山豆，五色东陵瓜。
野衣裁薜叶，山酒酌藤花。

德州西瓜中的喇嘛瓜为瓜中极品，多汁爽口，个大皮薄。而鲁菜经典德州扒鸡因大运河而兴起。元末明初，运河两岸售卖各色小吃美食的小店招揽来往客商，其中就有种烧鸡肉嫩可口，色红味香。康熙第四次南巡时，尝到发展改良版的五香脱骨扒鸡，龙颜大悦，并召厨师入御膳房，从此德州扒鸡声名远播。宋庆龄曾多次选购扒鸡赠送给毛主席。如今，德州扒鸡的制作技艺已列入国家非物质文化遗产。

如果你不仅仅有挑剔的味蕾，还具有诗人般的慧眼，你就会看到德州运河干得只剩一脉细流，堆聚着绿色浮萍，两岸大小不一的青色瓦房上，不时有“屋顶上的轻骑兵”猫咪蹿上蹿下，袅袅炊烟如雾般缠绵在枝头，野草滩旁白色绵羊正在吃草。所有这一切都属于上苍导演的一部多幕剧，村庄作为背景，如同怀着希望的少妇，在旷野的晚风中立于运河畔，默默地守望……

【作者简介】

安俊，作家，书店负责人。

◎德州阅读行走图

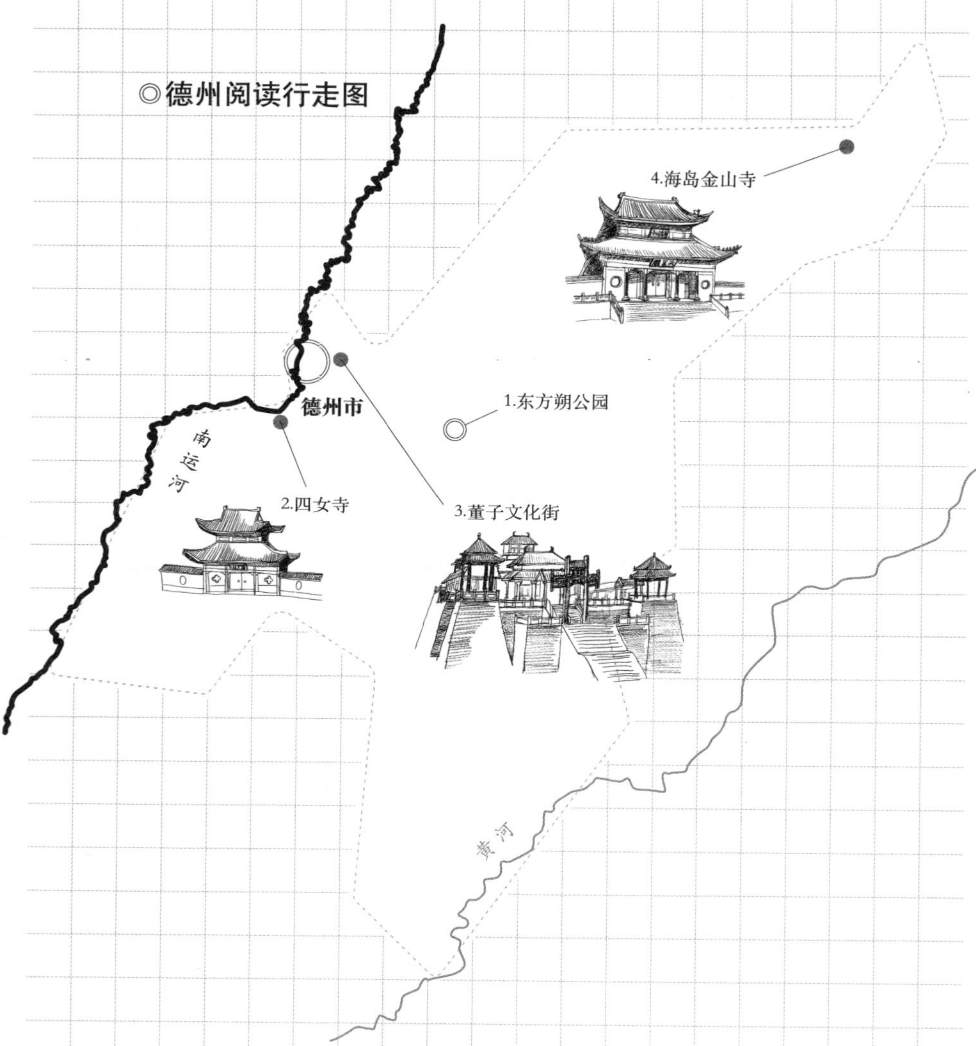

1.东方朔公园

山东省德州市陵城区神头镇

3.董子文化街

山东省德州经济开发区中心

2.四女寺

山东省德州市武城县槐荫路

4.海岛金山寺

山东省德州市庆云县中心街北首西侧

古都郑州

任青

我常不知道怎么跟外地的朋友介绍郑州，这个城市辉煌得太早又太晚，早到超越文字的产生，又晚到被称为“火车拉来的城市”。郑州最有名的“标签”可能是少林寺，以至于连郑州的旅游宣传语都叫她作“天地之中，功夫之都”。少林寺有名到什么程度呢，和外地朋友介绍自己家乡，说“郑州”没人知道，说“就是少林寺所属地”，准有共鸣。十年之前，大陆刚开通组团赴台游，我跟着一个教授们组成的团来到台湾旅游，某日在一个有名的庵堂吃午饭。师太们很热情地问我们哪里来，答曰“河南郑州”，师太：“哦——”尬笑一下没话了。我训练有素，补上一句“少林寺在我们那儿”，师太：“哦！哦！少林寺啊！”高兴地回头和旁人喊：“他们是少林寺来的呢！”……

由于师太实在高兴，我没有澄清自己其实没出家。

但其实，郑州这个城市有着太多故事，一个少林寺实在不能代表，甚至不太排得上号。咱们今天就不说那些特别有标签的，说点有关郑州的趣事吧。

中国八大古都，河南占三个，洛阳、安阳和郑州。洛阳十三朝古都，人尽皆知，安阳殷墟震惊世界，只有郑州……什么？！郑州还是古都？——是的，它不单是，还是最古的一个，一竿子就古到了三千六百年前。

郑州市区偏东，有一个繁华的老牌大型商圈，叫"紫荆山"。如果驱车经过，会看到马路边就有一大块凸起的土坪，上面绿草茵茵，宛如城市中心绿地——这就是郑州商城城墙遗址的一部分。

郑州商城遗址，1950年被一名叫韩维周的考古学家一脚"踢"了出来，经过几十年考古发掘，人们发现了近乎完整的四面城墙，内有城，外有郭，中有宫殿遗址、住房遗址、手工作坊遗址、墓葬区，还发现了三个青铜窖藏坑，里面出土大量青铜礼器。整个遗址面积达到25平方公里，大概在公元前1500年左右开始修建——这个时间段，在全世界范围内，可能都没有比郑州商城更大的城市。更厉害的是，城市里公共设施特别先进，甚至出现了铜排水管道。

紫荆山附近，现在还有两条路，名叫城东路和城南路，指的就是商城东、商城南。我特别喜欢这两条路的名字，它时时刻刻提醒我们，今天的郑州和三千六百年前的商城有着微妙的空间重叠——仿照某著名科幻小说的名字，我称之为“郑州折叠”。

今天的郑州当然比三千六百年前的商城大得多，完全覆盖了这个区域。于是，在20世纪六七十年代大兴土木时，发生了很多趣事——简直挖哪儿哪儿出文物，挖哪儿哪儿是遗迹。但当时的建筑高度普遍较小，行业标准也宽松，地基比较浅，大多达不到商文化层的深度。所以，近些年来老城翻修的时候，地基挖得深，常常传出哪里又“挖了祖坟”的戏谑。

处在繁华地带的河南省体育馆，前几年翻修时就挖出了商代遗址。河南省体育馆就在我家附近，我在那里从小玩到大。忽有一日路过时，发现它被围栏层层围起，还下意识地以为这里在修地铁站。过了很久才后知后觉地发现哪一条线也不通过这里，留意了新闻才知道，原来翻修棒球场和滑冰场的时候挖出了商代遗址和墓葬。这事儿不敢细想，不然怎么面对自己小时候曾“坟头滑冰”“坟头打球”的事实呢?

现在为了保护文物和遗址，大部分遗址和墓葬在未被破坏的情况下不予发掘，所以很多考古学家的好奇心一起，都暗戳戳地希望开发商将那些疑似有“问题”的土地买下来挖一挖。可惜，并没有开发商给他们做这样的好事，大家心知肚明，都恨不得绕着这些地方走，想想也很有趣。

从商城遗址向南，沿着机场高速和京港澳高速走50公里，就到了郑州所属的新郑地区。新郑这个地方很有名，河南最早的新石器时代文化——裴李岗文化，就是在这里发现。中国最早的鼎也在新郑出土，虽然只是个小小的红陶鼎。它是传说中的“黄帝故里”，现在，《史记》中记载的黄帝出生之处，其特征也都能和新郑一一对应。但是新郑这个名字，是春秋时期的诸侯国郑国给的。郑国最早定都在陕西华县附近，都城名“郑”。西周破，平王东迁，郑国国君郑武公吞东虢国与桧国土地，在中原地区建新都，命名为“新郑”以与旧都区别，沿用至今。《左传》里写了很多关于郑国的故事，最著名的当然是收进语文课本的《烛之武退秦师》，里面还留下了“东道主”这个典故——“东道主”，东方道路上的主人，这个词最早指的可就是郑国人。这时候除了言简意赅的史书，我们还有了中国最早的诗集——《诗经》。

《诗经·国风·郑风》，十五国风之一，由于太过活泼奔放不“庄重”，而被孔圣人狠狠批判过，用的词还特别狠。也难怪，单看《诗经》，感觉别的诸侯国的老百姓要么在干活，要么在打仗，要么生活得水深火热，偶尔才谈谈恋爱，抱怨一下配偶。只有郑国人每天欢快地出去玩耍，外加谈恋爱，恋爱还谈得千回百转，生动得仿佛活在我们面前一样。试着把现在的时代背景套进当时的情诗里，两千多年前的郑国人谈起恋爱来，心理活动简直和现代人没有区别。这里头，有心里明明很在意但就是傲娇的小姐姐——《子衿》的“青青子衿，悠悠我心。纵我不往，子宁不嗣音？”——心里挂记着你，但我不去找你。哪怕我不搭理你，你就敢不给我发个微信？！

也有小姑娘嘴上“花椒”（河南方言，戏谑意）男朋友：“山有扶苏，隰有荷华。不见子都，只见狂且。”——山上有扶苏啊水里有莲花，我本来心爱刘昊然，怎么就摊着了你这个丑男？有和美女坐一辆车而心生爱慕的男青年：“有女同车，颜如舜华。将翱将翔，佩玉琼琚。”——怎么这么幸运，拼车拼到个大美女！长得漂亮仪态好，一身名牌会打扮，妥妥的白富美！《遵大路》写的是不放心爱人出差的姑娘：“遵大路兮，掺执子之祛兮，无我恶兮，不寁故也”。——送你送到安检口，登机广播响了也舍不得放手，见了世面可不能嫌弃我，异地恋不容易，出差可以，出轨不行！……

哎哟，这么一翻译，是不是觉得两千多年前的老祖宗们距离我们特别近呢？

有一段时间，用口语这样“胡翻”郑风是我的乐趣之一。

其中有一首，由于一个有名的小说作家用它的一句作为自己的笔名，而比别的篇章更有名些："出其东门，有女如云。虽则如云，匪我思存。"我经常给外地的朋友用半生不熟的河南话翻译这首《出其东门》："出了俺城类东大门啊，都是好看哩小妮儿。虽然小妮儿都可好看啊，没有俺心上哩人儿。"一般翻译到这里我和外地朋友已经一同笑疯。

为什么他国水深火热，郑国人就这么"不正经"？有人说是因为选诗的风格取向——其实郑国也战乱频仍，只不过采诗人没有选择这方面的内容罢了。这说法靠谱，毕竟在奴隶制社会，能活得开心的老百姓不太多。尤其在郑州——毗邻洛阳，是最早的"中国"之所在，自古兵家必争，战乱频仍，常遭水患，一场政权更迭下来十室九空，还得从别的地方迁徙……但是这个城市的人，好像一直也压不死、打不垮，一路活得顽强，活得有乐趣、有底蕴，带着九千年的文明积淀，结出一城的硕果。

紫荆山广场附近的商代夯土城墙大土墩，曾圈定了郑州三千六百年前的辉煌。现在，它兼职着城市中心绿地的作用，天气晴好时常有年轻父母推着婴儿车带宝贝晒太阳，大一点的孩童奔跑嬉戏，旁边有老人带着慈爱表情看护着。市民们坐在草地上，暖融融地晒着和三千六百年前相同的太阳，随口聊聊国际局势、股市与房价。郑州房价前几年疯涨过一阵子，现在政府大力调控，已经慢慢稳定了。——不知道他们是否会想起，三千六百年前的祖先们建造了这留存至今的坚韧城墙，防的是犬戎还是鬼方？他们想守护的平安，如今早已实现。

郑国东大门早就被考古学家一手铲一手铲挖了出来，登上十几米高的故城墙来到东门，古溱水、古洧水依然清漪涣涣，在交流寨村会流后注入贾鲁河。作为空中交通的枢纽，郑州的机场建立在了新郑，从这里，在一个半小时之内，可以飞到全国三分之二的主要城市。

郑州，这里是“黄帝故里”“诗圣故里”“子产故里”“魏巍故里”……太多的名人出生在这里；这里有欧阳修墓、李商隐墓、许由墓、李诚墓、高拱墓……它也是更多名人的归属之处。“天地之中”，群雄逐鹿，几千年盛衰变幻，如今中部崛起再领风云。郑州这个城市，简直一步一个故事，每一步都踩在历史尘埃之上，同时又创造了新的历史，越了解越有意思。或许，你得来亲眼看看。

【作者简介】

任青，郑州图书馆馆员。

◎郑州阅读行走图

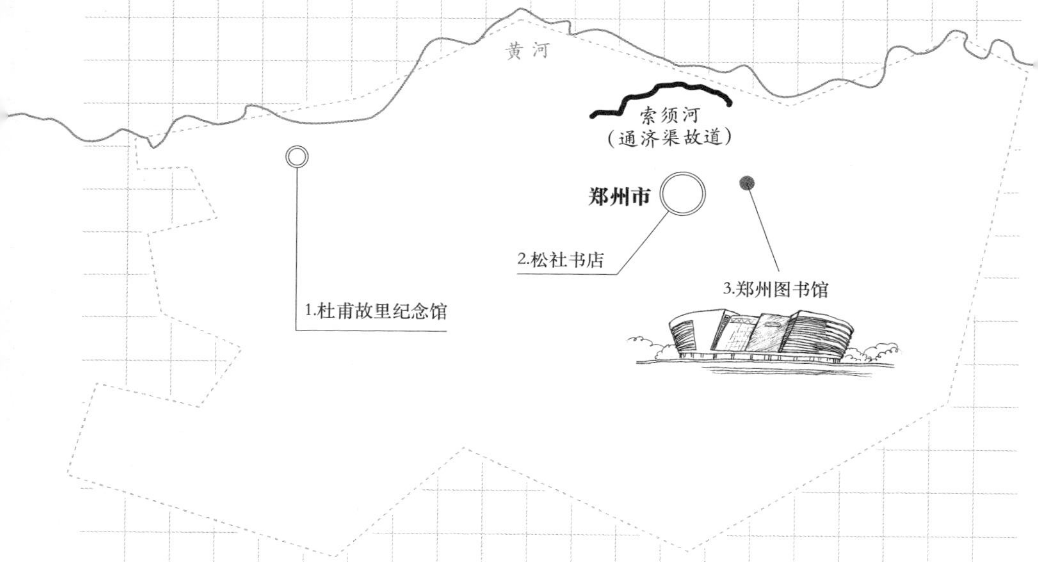

1.杜甫故里纪念馆
河南省郑州市巩义市站街镇南瑶湾村

2.松社书店
郑州市金水区文化路2号

3.郑州图书馆
郑州市金水区文化路2号

卫水泱泱，星河灿烂

刘林凤

每年自京中回河南，大多走京港澳高速，车过安阳，下一站就是新乡。卫河是永济渠河南段最重要组成部分，从地图上看，它从东北向西南几乎贯穿了整个新乡地区。

东周末年，天下分崩离析，新乡一带是古卫国的所在地。《诗经·卫风·氓》中写道：

氓之蚩蚩，抱布贸丝。
匪来贸丝，来即我谋。
送子涉淇，至于顿丘。

其中的“淇”是指淇水，而淇水是卫河的一条支流。据说，《诗经》中有三十多首诗都和卫水有关。因为卫水和《诗经》的渊源，所以在新乡人眼里，这条大河是从《诗经》中流淌出来的。

卫河蜿蜒，冲刷出了两岸的沃野千里，也堆叠出了两岸灿若星辰的历史文化。据可考的历史记载，新乡地域将相辈出，千古第一忠臣比干、辅佐周王的姜子牙、有胆有识的毛遂、“曲逆侯”陈平、校正了《九章算术》的丞相张苍、清末民初著名政治人物徐世昌，以及近年来在中国文坛大放异彩的刘震云等，都出生于新乡。

距新乡市十五公里，有比干庙。比干是商王文丁的儿子，也是商纣王的伯父，被称为千古第一忠臣。商末纣王暴虐荒淫，横征暴敛，滥用重刑，比干作为纣王的伯父，口干舌燥地劝了他三天。纣王大怒，让人将比干剖心而死。

比干庙在当初的比干墓的位置上修建。周武王的铜盘铭上记载：“左林右泉，前冈后道；万世之灵，于焉是保。”“万世之灵”四个字，足见周武王对比干的敬重，也足见他垂范万世的价值。比二庙中还保留有相传是孔子亲自刻下的“孔子剑刻碑”，有人说这不是孔子的真迹，当然，真迹与否并不重要，重要的是孔子对比干的肯定。其后两千多年，中华文化均以孔子儒家为正统，而比干精神就是无可置疑的“政治正确”。

在这种“政治正确”的笼罩下，历代帝王都不忘来比干庙中彰显自己的贤德仁慧。庙中有北魏孝文帝《吊殷比干文》的碑刻，文辞华丽，洋洋洒洒，颂扬周武王为比干修墓，又渴望能遇到像比干一样的忠谏之士。北魏孝文帝作为鲜卑皇帝，如此推崇比干，可见他汉化程度之深，也可见中华文化影响之远。另一个得“比干精神之精华”的是唐太宗李世民。他在庙里留下了《赠殷太师比干诏》，与他“从谏如流”的形象颇为吻合。

比干庙历经战乱，几毁几建，延绵不绝。后来元明清各朝都有士大夫或帝王前来拜谒，直到民国，国民政府主席林森也曾两次派人祭谒。今天的比干庙仍然游人如织，可见即便寻常百姓也自发地尊敬这位难得的贤良。庙里还植有红松云柏若干，据说树都没有树心，长到中途，树都会散了，像一把把扫帚矗向空中。起初，大家以为这是人工所为，后来才知道，树是自然长成这样的，仿佛以此纪念被剜心的比干。还有人说，外地的树移栽至此也会长着长着就散了，很诡异，也很执拗。比干死后，商朝更加混乱。远在周地的武王姬发重用姜子牙，励精图治，国力大增。公元前1146年，周武王在牧野之地与纣王决战，将纣王推翻，建立了周朝。

姜子牙是新乡的另一个传奇。姜子牙，新乡卫辉人，其先祖曾做四岳之官，辅佐夏禹治理水土有大功。姜子牙出生时家境败落，年轻时，他做过屠夫，也开酒店卖酒，皆不过养家糊口。垂暮之年，姜子牙仍旧一无是处，赋闲在家。七十二岁那年，他以直钩在渭水边垂钓，成功地吸引了周文王姬昌的注意，开启了自己人生的另一个篇章。“姜太公钓鱼，愿者上钩。”说的就是姜子牙的这段佳话。传说姜子牙活到了一百三十九岁，作为中国历史上的一代名相，姜子牙是草根逆袭的典型代表。

新乡市中心有牧野公园，是在牧野大战古战场上兴建的。现在的牧野公园一派祥和，有人遛弯，有人跳舞，和很多城市公园一样。牧野湖不算大，似乎是一个狭长的河道，两岸经过绿化装点，模样有几分娇俏。湖边有垂钓的市民，也有拍婚纱照的靓男美女。顺着湖边走，可以看见数匹奔驰骏马的塑像，风驰电掣，这是对古战场的艺术再现。再往前是牧野广场，放飞的风筝在空中摇曳，孩童们穿着轮滑鞋在广场上旋舞。沧海桑田，物是人非，很难想象几千年前那场厮杀就发生在脚下。

战国时，新乡更是人才辈出，其中最有名的是赵国平原君的门客毛遂。秦兵攻打赵国，平原君奉命到楚国求救，毛遂主动请求跟着去。到了楚国，毛遂挺身而出，陈述利害，楚王才答应派春申君带兵去救赵国。一位普通的门客，凭借自信和勇气，凭借胆识和智慧，促成了楚赵合纵，同时也得到了“三寸之舌强于百万之师”的美誉，这就是“毛遂自荐”

的故事。

毛遂故里现在在新乡市原阳县师寨镇小路庄村，据村民讲，现村中已无毛姓人家。说是早年这一带匪患很多，毛氏人家为避祸举族迁至东南约八里的徐庄村。之后，毛氏族人陆续把坟茔迁出小路庄，但迁坟者家中便多灾祸，只得又将祖先尸骨重新迁回。此说无凭，不足为信，但也从侧面反映出人们对毛遂的崇拜。大河奔流，不舍昼夜。历史越过战乱的春秋，秦末一代良相陈平出生在新乡下属的原阳县。在那个英才辈出的年代，有资格被司马迁列入“世家”的，只有陈胜、萧何、曹参、张良、陈平、周勃六人。陈平能列其中，可见其一生的传奇伟大。过原阳县阳阿乡集市，路旁有一空寂院子，即陈平祠，内有“汉丞相陈平故里”碑。祠内，一路白杨齐整，一路缺失散乱，绝不对称。祠内无花无草，黄沙一片，有三楹青瓦小殿，内塑陈平像，似出无名小匠之手，身形不成比例。从祠中凄凉景象，可见这位汉朝名相后世之寂寥。殿额有“曲逆侯”三字，令人暗自称奇。“曲逆”乃县名，是陈平的封地。当年汉武帝分封之时，恐怕也没有想到这个地名和陈平是如此相配，简直是量身定做。陈平之为人，行事曲，其谋阴；为达目的，不择手段。刘邦多次使用陈平的阴谋，一次次化险为夷、克敌制胜，这也就是陈平虽然心藏曲逆，却一直受到重用的原因。

汉文帝时期，来自新乡的张苍再次成为辅佐帝王的肱股之臣。张苍是今原阳县富宁集乡张大夫寨村人，曾经是秦朝的御史。汉高祖推翻秦之后，张苍以门客身份在高祖手下当差。直到刘邦去世，吕后专权，张苍一直都默默无闻。汉文帝即位，将其任命为宰相。在法律上，张苍主张废除一些针对奴隶的酷刑，减少了奴隶的暴动，维护了社会的安定。另外，张苍还是一位非常有造诣的科学家，他修订了《九章算术》，通过实验加以验证，对不足的地方做出改进，然后将其制定为完整的理论。后来他把这些理论运用于生产当中，标准化了很多生产用具，大大提高了生产效率。

据说张苍之后，一个小小的原阳县城后来还出了十几位丞相，可见当地能人辈出。时光飞逝，转眼到了风起云涌的近代。

2016年5月，徐世昌的后人徐定茂先生到新乡寻亲祭祖，而他们落脚的第一站就是卫辉贡院街上的徐家祠堂。尽管已经过去了近一百年，徐家祠堂仍旧保存完好，从砖雕及布局上，可以看出徐世昌本人不事张扬但严谨有治的个性。据说，当年徐家祠堂建好之后，溥仪曾经前来参加祠堂的开门大典，徐世昌在乱世中上下通达的手段可见一斑。

徐世昌这位从新乡走出去的文人总统被称为“水晶狐狸”，“水晶”八面玲珑，“狐狸”则机敏善变。他一生与袁世凯交情匪浅，两人也都曾经做过晚清封疆大吏，最后却任民国总统。袁为窃国大盗，祸国殃民，故而臭名昭著，而徐世昌一生力主和平。袁世凯心机深重，从晚清到民国，骗过了慈禧与李鸿章，将北洋军阀管理得特别成功。能被他看得起的人，寥寥无几，但是他对徐世昌敬重又害怕。

徐世昌和袁世凯关系至深，仕途上一直多有扶持。徐世昌曾在卫辉之西的辉县建“水竹村”，还邀袁世凯来百泉苏门山观山水田舍。早年，袁倾慕徐的才气，徐看好袁的志向。1915年，袁世凯野心膨胀，意图称帝，徐世昌却认为帝制不得民心。二人逐渐产生裂痕。袁世凯称帝后，称徐世昌等四人为“嵩山四友”，但徐十分恼怒，在日记中暗骂袁：“人各有志。志在仙佛之乡者多，则国弱；志为圣贤之人多，则国治；志为帝王之人多，则国乱。”可见，在袁世凯称帝的过程中，徐世昌对政局的认识是何等准确。

1939年，徐世昌病逝于天津，那时抗战焦灼，他的去世未起波澜。徐世昌的遗愿是把自己安葬在老家卫辉，其后终于如愿以偿。卫辉古城西临卫水，当时的水路运输十分繁忙，古城墙下千帆争舸，而魂归故里的徐世昌终于可以枕着母亲河的涛声酣然入眠，忘却纷飞的战火，忘却混乱的政局和那个混蛋的世道。

离卫辉不远的延津是一个拥有万亩槐树林的美丽县城，

也是作家刘震云的老家。少年时，刘震云跟外婆一块生活在农村，因为没钱上小学，外婆还卖掉了祖传的簪子供他念书。那时的刘震云有三个愿望，要么在家乡当一个厨子，能够吃香的喝辣的；要么到剧团敲梆子，在月光下发出清脆嘹亮的响声；要么当一名小学老师，在孩子们朗朗的读书声中，自得其乐。然而，日后，这个“胸无大志”的机灵鬼居然在中国当代文学史上留下了浓墨重彩的一笔。

刘震云有很深的故乡情结，他的小说大都连接城市和故乡，思考两种文化背景下的冲突和交锋。他的写作在现实中夹杂荒诞，于幽默处不乏反思，曾荣获中国小说最高奖——茅盾文学奖。从《一地鸡毛》到《手机》，从《我叫刘跃进》到《一句顶一万句》，不管是严肃的还是娱乐的，刘震云的每部小说里都有一种暗藏机锋的幽默，这让他成了受影视青睐的作家。

2018年，河南大学出版社出版《卫河记忆》，邀请刘震云写了序言。刘震云的开篇这样写道：“我家在新乡。新乡并不曾给我一个富裕的童年，且从光景上看，甚至还有些悲凉。但那些年，我在黄河故道上，却汲取了家乡在那时那年能给予我的全部的，最好的营养。”从这个简单的序言上，我们可以见到作家内心浓郁的乡情。

一方水养一方人。卫河是古运河重要的一部分，如今的它仍旧是南水北调水利工程重要的一段。大河汤汤，历史终将灰飞烟灭，而大河两岸智慧的人民则在岁月中重新寻找着自己的定位，并且用勤奋和智慧重塑古城新的形象。

【作者简介】

刘林凤，作家，编剧，曾任《幸福生活指南》杂志、《问道·中国茶》杂志主编。

◎新乡阅读行走图

1.潞王陵（明潞简王墓）

河南省新乡市凤泉区凤凰山下

2.比干庙

河南省新乡市卫辉市比干大道北端

永远的嵇康

张云波

淮北柳孜运河遗址的发现，揭示了隋唐大运河通济渠的流经路线，填补了中国运河考古的一项空白。通济渠，是在天然河道汴水的基础上人工整修而成的。“千秋钟灵汴，两岸多奇才。”在汴水流域灿若星汉的历史人物中，我独独喜欢“竹林七贤”的领袖人物嵇康。

《晋书》中记载：“嵇康，字叔夜，谯国铚人也……铚有嵇山，家于其侧。”秦汉魏晋时期的铚县，就是今天的淮北市临涣镇，这片热土见证了嵇康出生和成长的每一个印记。嵇山，位于今天的石弓山镇郭黄楼村东北角，由于村民的开采，山的北侧和东侧大部分已经变成了洼地，西侧和南侧，多多少少还能够看出山的形状来。山顶上被一层黄土覆盖着，山体是层层叠叠的松脆石块，山梁被人工劈成了数段，处处闪动着难舍难离的那份焦躁。山脚下，在茂密的树林环绕中，一排排参差错落的乡村楼房生机勃勃地守候着，仿佛青纱帐中少妇微微扭动着丰美的身子。东面是一处停了工的窑场，寂寥和悲凉中，带着辩护师般的严肃表情和坚定姿势。

嵇山脚下，茂林万顷，修竹悠悠；山丘之上，风和日丽，松涛阵阵。小家独院，其乐融融，父兄在这儿品酒赏月，母亲在这儿养蚕织布，小小年纪的嵇康学着大人的模样摇头晃脑地赋文吟诗。左邻捕了几只野兔送过来品品味，右舍网了几条肥鱼尝尝鲜。这该是当年嵇康一家住在这儿的情景吧！现实与想象中的反差过大，也许眼前自自然然的苍茫与荒凉，正贴合嵇康的心性。倘若真的落入俗套地为他造出一座故居来，那一定会为他所不齿的。

嵇康是一个超尘脱俗、冲怀旷远的美男子。《晋书》说他“龙章凤姿，天质自然”，当龙的阳刚风采与凤的阴柔娇姿集中在一个身高一米八七的男子身上，那该洋溢着怎样的一种倾城倾国的圣洁啊！《世说新语》说他“萧萧肃肃，爽朗清举”，举止潇洒、气质清逸的嵇康，像松林间沙沙作响的风声，高远而舒缓悠长。嵇康的朋友山涛形容他：“为人也，岩岩若孤松之独立；其醉也，傀俄若玉山之将崩。”孤松独立的身姿，玉山将倾的醉态，那是从骨子里散发出来的“酷劲儿”。嵇康在山中采药，因为气质异于常人，居然被路过的樵夫当成了下凡的神仙。嵇康留宿山涛家中，山涛的妻子韩氏就在墙上凿了一个洞暗中偷看，竟然看了整整一夜都没有看够。嵇康自带仙气的颜值和卓然天成的气质，是超乎所有人的想象的。

在中国文学史上，嵇康是一个独特的存在。《魏氏春秋》说嵇康“学不师授，博洽多闻”。嵇康的存世诗歌有五十余首，诗体多样，有四言、五言、六言、杂言等形式，其中以四言诗的成就最高，何焯在《文选评》中赞道：“叔夜送人从军诗至十八首，以开晋、宋四言之门户。”他的诗取材极为广泛，有鄙弃世俗的，有回归自然的，有体现喜怒爱憎的，有高蹈隐逸之志的。他的诗，一方面具有措辞、比兴等传统艺术形式的特点，另一方面气峻辞清，立意高远，呈现出立异创新、匠心独运的面貌。

鸳鸯于飞，肃肃其羽。
朝游高原，夕宿兰渚。
邕邕和鸣，顾眄俦侣。
俛仰慷慨，优游容与。

这种纯粹自然的描写而不直陈诗人情意，在传统的四言诗歌中是极其少见的。刘勰在《文心雕龙》中论及四言的风格时说，“叔夜得其润”。鲁迅一生之中唯一佩服的人就是嵇康，他在长达十一年的时间里，对《嵇康集》校勘四次，抄写三遍，成了中国现当代史上整理、研究嵇康的第一人。

与诗相比，嵇康的文论更胜一筹。《与山巨源绝交书》，思想新颖，文辞华美，可谓独步当时；《声无哀乐论》，析理绵密，气势雄健，堪称千古一绝。他的《养生论》是中国养生学史上第一篇较全面、较系统的养生专论，后世的陶弘景、孙思邈等养生大家都借鉴了他的养生思想。在那个人人都难以按照自己的内心行事的年代，嵇康却始终秉承着最初的本心，给历史留下了浓厚且震撼的一笔。

嵇康的书画琴艺，达到了让人望尘莫及的高度。他尤为精通音律，“目送归鸿，手挥五弦”，那该是何等的高雅与孤傲！“被发行歌，和气四塞”，又该是何等的舒心与惬意！他的《长清》《短清》《长侧》《短侧》四曲，称为“嵇氏四弄”，与蔡邕的“蔡氏五弄”合称“九弄”，后世隋炀帝把弹奏“九弄”作为科举取士的条件。嵇康一生之中最钟爱的曲子就是《广陵散》，他把那独有的韵味与节奏演绎到了极致，让古琴有了无限的生命张力，用杜甫的“此曲只应天上有，人间能得几回闻”来形容，再恰当不过了。嵇康把天真和无私散落成心灵的琴音，把坚定和执着升华成精神的乐声，从而酿造出人世间至纯至美的花蜜。

在音乐理论上，嵇康主张合于天地是音乐的最高境界，认为喜怒哀乐从本质上讲并不是音乐的特质而是人的情感。嵇康还擅长书法，尤其精于草书，其字称得上“精光照人，气格凌云”，唐代张彦远的《法书要录》中将他的作品鉴为“草书第二”。十四岁的赵至到洛阳游学，被嵇康飘逸的石经书法倾倒，立志拜他为师。嵇康还擅长绘画，曾有《巢由洗耳图》《狮子击象图》等作品传世，张彦远将其载入《历代名画记》中。

琴棋书画相伴中的嵇康，活得真诚又有情趣，他把人生当作一门艺术来活，活出了“独立之精神，自由之思想”。这些最能陶冶人之情操的艺术，这种艺术带来的兴趣美、脱俗美、性情美和人格美，也是时下许多人羡慕不已和孜孜追求的一种生活方式吧！

嵇康的美，更在于他的人格魅力。刚肠疾恶、遇事便发的脾性，志在守朴、养素全真的纯情，卓尔不群、特立独行的坦荡人格，从容热诚、本真自然的赤子之心，在古今中外的人物中真的很难找到一个能与之相近的。他不仅有着屈原“举世皆浊我独清，举世皆醉我独醒”的大义凛然，也有着“爱恶不争于怀，喜怒不寄于颜”的沉稳与不屑。他不同于陶渊明的“采菊东篱下，悠然见南山”，从来不在乎外人的眼光，只遵从于自己的内心。

稽康“非汤武而薄周孔，越名教而任自然”，对那些名目堂皇的教条礼法不以为然；他“高情远趣，率然玄远”，对那些乌烟瘴气的官场仕途深恶痛绝。他宁愿放弃作为一个皇室外戚唾手可得的财富与官位，在洛阳城外做一个默默无闻的打铁匠，也不愿与虚伪奸诈的司马氏同流合污。熊旺的炉火和刚劲的锤击，灌园的自得和蔬菜的招摇，就是这种心志的绝妙阐释。

出身名门的钟会，活脱脱一个天才级的“政治人物”，但是嵇康拒绝交往这样巧言令色的朋友。做了高官的钟会带着大批随从来拜访嵇康，嵇康眼皮都不抬一下，旁若无人地继续在家门口的大树下锻铁。傻等了两个时辰的钟会终是觉得无趣，便悻悻地离开。嵇康这个时候说话了：“何所闻而来，何所见而去？”钟会回答得倒也爽快：“闻所闻而来，见所见而去。”像嵇康这样权贵找上门也不买账的人，真是千年难遇。

当兄长嵇喜步入仕途时，嵇康作《赠秀才入军》十八首，通过回忆兄弟二人相处的快乐生活，委婉地表达了对兄长行为的微词。血性男儿，温馨似水，吟咏凄切，足以动容。

好友山涛另有他就时，举荐嵇康就任吏部郎，遭到了断然拒绝。嵇康一封言辞激切的《与山巨源绝交书》，既表明了自己淡泊名利、傲然于世的自由人格，又让山涛与自己撇开关系，在司马昭面前有了一个交代。这是一位君子对另一位君子最难得的坦诚相见。

好友吕安同父异母的兄长吕巽，垂涎弟媳徐氏的美貌，用酒将她灌醉后奸污，吕安出于手足之情忍了下来。谁知恶人先告状，吕巽向司马昭诬陷吕安“掌挞母亲”。嵇康挺身而出，为吕安辩诬。一直想伺机报复嵇康的钟会，在司马昭面前添油加醋地说了嵇康很多坏话，每一句恶毒的话都足以将他推向死亡的深渊。

刑场上，夏日傍晚的凉风轻轻地拂过脸庞，落日的余晖斜斜地洒满衣裳，嵇康要来一把琴，神色自若地弹起了《广陵散》。弦丝跳跃于琴盘，风停云滞，情感流淌于指尖，人鬼俱寂。一曲终了，嵇康从容赴死。嵇康的生命和个性在悠悠的琴声中得到了最彻底的诠释和张扬，融入嵇康心血与精神的《广陵散》，也随着嵇康的离去而成了绝唱。

死亡对于嵇康，就好像乡间小道上行云流水般的一次散步，就好像风度翩翩地去赴一次心灵的约会。如同三千太学生请求留下嵇康的集体下跪，在某种意义上辱没了嵇康的骨气，后人诸如清代大儒王夫之“嵇康死而清议绝”的感叹也与真实的嵇康相背了，因为在嵇康的眼中，气节和风骨是比生命还要重要的东西，相对于低眉折腰的苟且，从容淡定地赴死才是真正意义的远方新生。嵇康说过：“内不愧心，外不负俗，交不为利，仕不谋禄，鉴乎古今，涤情荡欲，何忧于人间之委曲？”

嵇康墓，让人们能够近距离地触摸在中国文化的天空上回响了近两千年的硬气灵魂。在柳孜运河遗址西北发现的一块残碑上，有“嵇康墓南去河卅五里”的记述。通济渠南岸的嵇康墓，位于隆起山丘顶部的南侧，为一长方体石洞，出土的器物和石墓门不知了去向，除琢刻得十分规整的内壁外，墓内空无一物。经过岁月风雨的剥蚀，墓址早已失去了应有的标识，唯一的凭证就是生长在嵇山脚下的村民代代相传的记忆。

山丘在落日的余晖中显得更加凝重，那些裸露岩石的色彩就是鼓风煅铁的嵇康的肤色，那断裂但却依然挺立着的山梁，就是嵇康倔强的性格，漫野疏密相间的青绿就是嵇康摄魄的诗文，随风起伏的枝条就是嵇康惊天的琴弦。一日又一日，一年又一年，每一个踏在这片土地的脚印，每一个投放在这儿的眼神，每一个动心用情的念叨，都是对英灵的祭奠和呼唤。虽然氤氲如烟、浸满记忆的那个时代一去不返，但历史的尘埃终究掩埋不了夺目的精神光辉，它照亮着一代代后人前行的脚步，成为他们灰色日子里一抹永不消退的亮色。

纵使世上没有了嵇山，嵇康必将是永远的嵇康。

【作者简介】

张云波，安徽省作协会员，濉溪县教育局教育科科长。

◎淮北阅读行走图

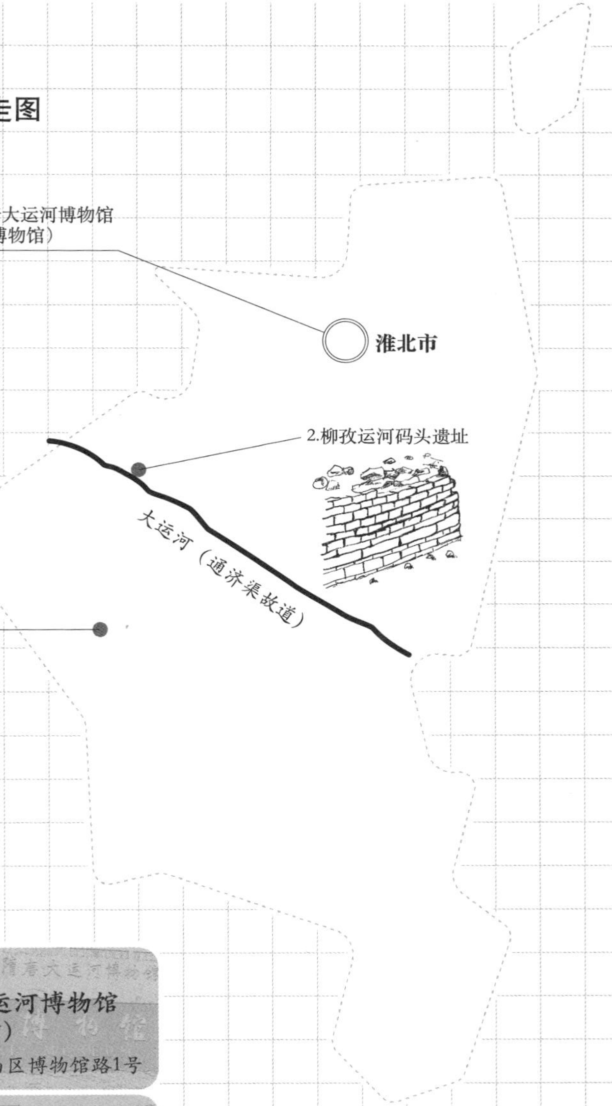

1.中国隋唐大运河博物馆（淮北市博物馆）

安徽省淮北市相山区博物馆路1号

2.柳孜运河码头遗址

安徽省淮北市濉溪县百善镇柳孜村

3.临涣古镇

安徽省淮北市濉溪县中南部

汴水流过的地方

刘北南

汴水流，泗水流，流到瓜洲古渡头。吴山点点愁。

思悠悠，恨悠悠，恨到归时方始休。月明人倚楼。

——唐·白居易《长相思·汴水流》

在朦胧的月色下，映入女子眼帘的山容水态，都充满了哀愁。三个“流”字，写出水的蜿蜒曲折，酿造成徘徊缠绵的情韵。两个“悠悠”，增添愁思的绵长，那一院明亮的月光烘托出忧伤的思恋情景。

相思是人类最普遍的情感之一，也是历代诗家文人触景生情的最佳题材之一。在古诗词中，作者多用“长相思”三字，如《古诗十九首》中就有“上言长相思”“著以长相思”“行人难久留，各言长相思”等诗句。南朝陈后主、徐陵、江总，唐李白等都有拟作。白居易这首《长相思》则有其特定的相思对象，即他的“邻女”湘灵（也有记载为他的侍妾樊素）。

汴水、泗水是一去不复回。短短几句，把归人行程和愁怨的焦点都简括而又深沉地传达了出来。尽管佳人已去，妆楼空空，可作者一片痴情，终难忘怀，他便于下阕抒发了自己的相思之痛。两个“悠悠”，刻画出词人思念之深。这种情感的强烈，只有情人的回归才能休止。然而那不过是空想，他只能倚楼而望，以回忆昔日的欢乐，遣散心中的郁闷而已。

在这首诗词中，山是愁山，水是恨水，虽然只有三十六个字，却不失为一件玲珑剔透的艺术珍品。

诗中的“汴水”，也称汴河、汴渠，即隋唐大运河的通济渠东段。它最早于公元605年3月21日动工开凿，8月15日隋炀帝就从洛阳动身乘龙舟去江都巡游，其间征召数百万民夫，不分昼夜在水中劳动，仅用一百七十一天即完工。汴水为东南流向，由河南商丘，穿安徽宿州、灵璧、泗县，至江苏洪泽湖入淮河。汴河开凿后作用还没有得到充分发挥，隋朝便灭亡了。唐人皮日休在《汴河怀古》一诗中说道：“尽道隋亡为此河，至今千里赖通波，若无水殿龙舟事，共禹论功不较多。”李敬芳在《汴河直进船》一诗中对汴河作了这样客观的评价：“汴水通淮利最多，生人为害亦相和。东南四十三州地，取尽脂膏是此河。”

“舟车辐辏，人庶浩繁。”唐代汴州城因通济渠的开通，成为东南物资北运的中继站和中原经济都会。诗人王建的“草市迎江货，津桥税海商”，刘禹锡的“四面诸侯瞻节制，八方通货溢河渠”等诗句，均表达唐代汴水沿岸城市的繁荣。宋王朝的建立，汴河成为联结经济重心的南方与政治、军事中心的东京开封的通漕“国脉”。《清明上河图》就生动地描绘了当时汴河上舟楫连樯、漕运繁忙的景象。画卷所绘的城楼，就是屹立于汴河南岸的“上善东水门”。北宋灭亡，宋室南渡，汴河随着汴京的沦陷“乃成污渠，可寓一叹，隋堤之柳，无复仿佛矣”。

2014年6月22日，包括安徽段在内的隋唐大运河、京杭大运河、浙东运河在内的三大部分十段河道被列入世界文化遗产名录。其中，通济渠途经安徽泗县境内仅存的二十八公里隋唐大运河故道，虽历经千年却尚有汴水断渠，顽强地流淌下来，发挥着灌溉、泄洪等功能，且基本保持隋唐大运河的原始风貌，是中国现存最完整的“活运河”。

“家住世界遗产边，心里该有多喜欢。”2020年春节前夕，笔者走进泗县隋唐大运河博物馆。这座集文物陈列、科普教育、文化宣传功能于一体的运河主题博物馆，分上下两层，白墙黑瓦、单檐歇山顶，整体建筑风格呈隋唐风韵。馆内设

“隋唐气象”“人工开河”“水路繁花”“南北余韵”“又见运河”五个固定展厅。馆中大量的古运河文物穿过历史烟尘，似向观众陈述着千年运河文化的沧海变化，续写着汴河古今历史的水蕴华章。

走进大厅，迎面是一个多媒体播放大屏风，正将隋唐大运河及与泗县的前世今生的迭变，立体呈现在游客眼前。由大厅屏风东侧进去，是水路繁花厅。壁画描绘的是古运河两岸百姓生活，古代劳动人民在码头辛勤忙碌的唐宋盛世面貌，刻画出当年古泗州繁盛至极的景象。在人工开河厅，一个巨大沙盘，形象地再现出当年人工开凿的声势浩大场景。

在二楼第一展厅，“水母娘娘沉泗州”神话传说的塑像栩栩如生。相传隋朝末年，水怪水母娘娘担着水桶去泗州城作怪，幸亏八仙之一张果老及时发现，让毛驴喝干了桶里的水，用计捉住水母娘娘，并囚禁在八角琉璃井中。展厅墙壁上，还分别记录下一些泗县跟古老运河有关的历史风物，诸如隋炀帝下扬州“纳黍行舟”“侍女拉纤”等故事；当年水韵泽国古泗州“东坡酥酒”来历以及县城西关古运河边朱桥老古槐树等。

“万艘龙舸绿丛间，载到扬州尽不还。应是天教开汴水，一千余里地无山。”三层展厅则展示着历代文人墨客、文化艺术等名录、展品及荣誉。有白居易、李白、苏轼、皮日休等古之诗画大师，也有今天汴河水哺育出的当代作手名家。笔者看到中国人民大学教授、中国美术家协会理论委员会副主任陈传席名字，拿起手机拍下来用微信发给他。陈教授感慨地回复曰："我一生最关键时间在泗县度过，泗县人没有忘记我，仍认为我是泗县人，我很高兴。"我回曰："是的，没有忘记。我是在博物馆看到了这个细节。现在泗县已有火车站，高铁站和飞机场已经正在建设中，有空欢迎常回来看看！"其后，我走进管内设置的、在全国别无分号的"中国古鞋博物馆"，一睹鞋历史和鞋文化的古今演变，再次古今沧海桑田的人文嬗变直摄心灵。

出博物馆主楼至西小院，可见当年运河边上一般农家吃水古井一口。"有井的地方，必有人家。"导游介绍，此处是依照当年泗县古运河边十里井村庄原景复建，古色古香，再现了当年运河人家原汁原味的生活场景。在博物馆西厢房，则存放着博物馆的镇馆之宝——镇水神兽。镇水神兽相传是龙之九子其一，形象似龙非龙、似虾非虾，嘴中叼着一条鱼，鱼头和鱼尾露在嘴外，雕工精美，神态传神。资料显示，镇水神兽出土于隋唐大运河泗县曹苗河段，得益于当地居民崔文柱一家四代人的悉心保护，于2018年4月得以重见天日，再现神采。

娉婷十五胜天仙，白日姮娥旱地莲。

何处闲教鹦鹉语，碧纱窗下绣床前。

汴水流过的地方，也造就一座座新兴的城镇，诞生一座座美丽的村庄，留下了丰富多彩的历史文化遗产。乐天园是唐代大诗人白居易纪念馆，位于宿州市西昌路。白居易十一岁时，父亲白季庚为躲避战乱，把家居送往宿州符离。白居易的青少年时光是在符离度过的，并在此留下大量的诗作和与“邻女”湘灵的爱情故事。这首诗描写的就是美丽的湘灵和她那说话悦耳的声音。

据当地传诵，白居易的邻家有一个比他小四岁的女孩，名叫湘灵，长得活泼可爱，懂音律，两人青梅竹马。但他们的爱情遭到白居易家庭的反对。

泪眼凌寒冻不流，每经高处即回头。
遥知别后西楼上，应凭栏杆独自愁。

这首《寄湘灵》倾诉着白居易极其痛苦和内疚的心绪。

一对恋人，泪眼对泪眼，说不完的心中事，割不舍的爱与情！这个伟大的诗人一直在与那个封建的家庭抵抗着。直到白居易三十七岁那一年，母亲以死相逼，白居易无奈之下同杨汝士的妹妹结了婚。

艳质无由见，寒衾不可亲。
何堪最长夜，俱作独眠人。

白居易依然写下了大量饱含着无尽思念的诗作，怀念湘灵。

汴水东流无限春，隋家宫阙已成尘。
行人莫上长堤望，风起杨花愁煞人。

这是唐朝诗人李益的《汴河曲》。又一个万物复苏的初春，笔者徜徉在泗县“活态运河”故道。立凉亭，眺夹岸，追寻着汴水的历史文脉，想象隋堤烟柳，缅怀帆樯如林的唐宋盛景，那是一种怎样的心境啊！

“喝不够的汴河水，听不够的拉魂腔。”发祥于运河畔的泗州戏，素有“梨园拉魂第一腔”之誉，是与徽剧、庐剧、黄梅戏齐名的安徽四大名剧之一。这朵散发着泥土芬芳的泗县乡野艺术之花，以明快活泼的节奏唱响大江南北。出县城向东驰行采风，无论当地民间传说还是乡村地名，都被烙上深深的运河文化印记。东八里桥，建于清中期，为三孔石拱桥，是旧时出城的重要通道。附近村民义务向慕名而来的游客解说：“瞧，那不远处就是‘皇道’，当年隋炀帝下扬州看琼花从这里经过。”“十里井庄”村名则来自井名，是体现运河灌溉功能的重要文化节点，因距县城十里而得名。这口石砌水井上的铁木辘轳和导水石槽显示出岁月久远，辘轳旁摆着的雕艺石凳，蕴涵着运河儿女的创作智慧和生活情趣。在泗县境内，依古汴河而建的清水湾公园、运河人家文化园、古汴廊桥、运河遗址公园……不仅营造浓浓的城水相依、碧水灵动的徽建筑格局和文化风情，更成为今天的老百姓休闲娱乐好去处。在县城境内的古汴河上游端，一个集文化娱乐、旅游休闲于一体的美丽乡村“彭浦村”，正散发浓郁的汴水风情，大受游客青睐。

汴水流过的地方，人与自然和谐相处，运河与城市相生共荣，星罗棋布的美丽村庄在快速生长……古老汴河在滋润着两岸广袤的土地，也在孕育着灿烂隽永的文化。

【作者简介】

刘北南，资深媒体评论员，美丽乡村博鳌国际峰会组委会副秘书长，北京国画艺术家协会副秘书长，《北京旅游报》顾问，《艺术家》杂志社北京中心主任。

◎宿州阅读行走图

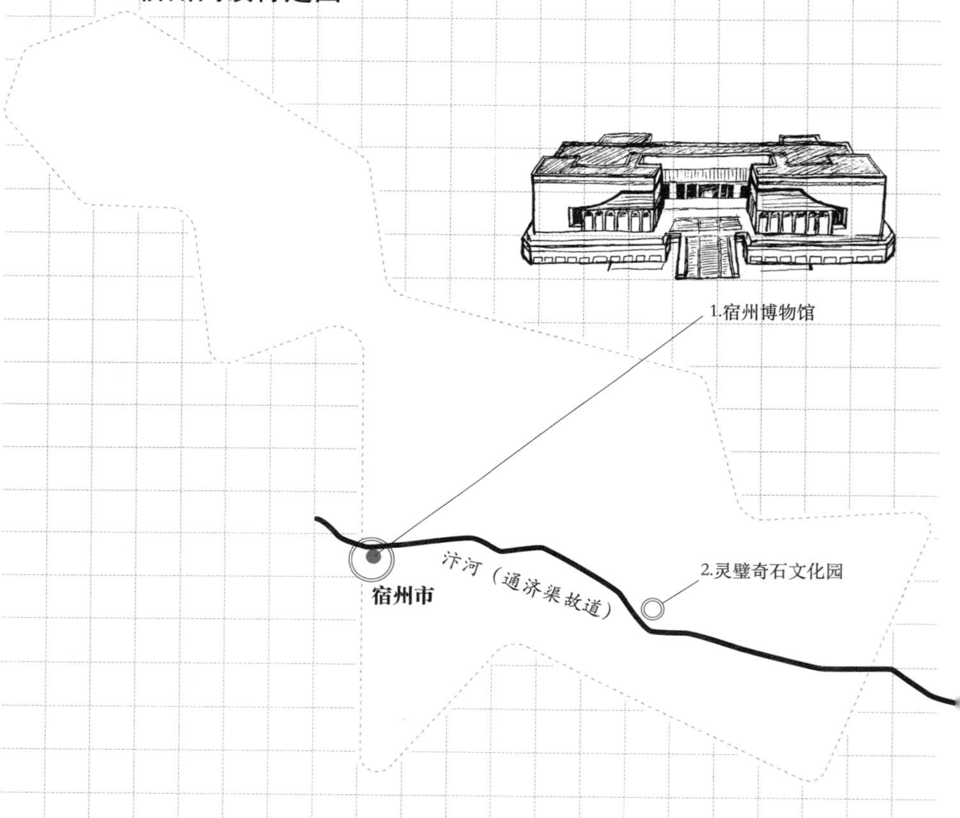

1.宿州博物馆

安徽省宿州市埇桥区人民路通济一路8号

1.灵璧奇石文化园

安徽省宿州市灵璧县凤山南路

户部山——千年的咏叹

风华

在徐州的城市中心，有一座只有几十米高的小山，名曰户部山。山虽不高，名声却很响亮，对于南来北往的访古客来讲，是必到必访的地方。

徐州的历史虽然悠久，但由于长期的战争和河水泛滥造成的破坏，有代表性的地表遗存并不多。户部山因为有着众多的历史典故，并保存着较为完整的古建筑群，是很能代表徐州城市风貌的一个好去处。

我在很小的时候就和户部山结缘。小学一年级就读的就是户部山小学。那时候，每天背着书包，牵着妈妈的手，踏过一块又一块湿滑的青石板，走过一条又一条窄窄的小巷。

随着年龄的增长，我慢慢得知，原来身边的这座小山大有来头，要说它浓缩了徐州六千年历史，也不为过。

说起来，在大运河流经的诸多城市之中，徐州是一座有着悠久历史和独特气质的城市。

说它悠久，是因为徐州自古就是九州之一，早在六千多年前此地就建立了大彭氏国，在春秋时期的宋国就建立了城池，是江苏境内建城最早的城市。“自古彭城列九州，龙争虎斗几千秋”，是对徐州古老历史的真实写照。

说它独特，是因为徐州既有刘邦、项羽、刘裕这样的英雄豪杰，又有李可染、马可、刘开渠这样的艺术大家，徐州人既喜欢舞刀弄枪，又喜欢舞文弄墨。兵家必争的地理位置，南秀北雄的城市环境，崇文尚武的精神传承，养成了徐州人豪爽仗义、重情重义的性格品质。历史和人文交相辉映，徐州的气质显得十分独特。而最能代表徐州这两个特点的，大概就数户部山了。

在户部山脚下，有一处叫作马市街的餐馆，它最受欢迎的早餐，是一种名叫饣它汤的美食。饣它汤的由来，要追寻到尧帝之时：一个名叫钱铿的徐州人，为东巡至此、身染重疾的尧帝进献了一碗暖暖的雉羹汤。在羹汤的滋养下，尧帝很快起死回生。大喜之下，他在此地建立大彭氏国，把钱铿封为大彭氏国的首领，钱铿也被后人尊称为彭祖。号称活了八百岁的彭祖不仅成为中国厨师的祖师，更成为长寿的代名词，而那碗神奇的雉羹汤也辗转流传至今，演化为徐州老百姓最美味、最常见的早餐。

徐州不但出烹饪大师，更出帝王将相，其中最著名的当属两位，一位叫刘邦，一位叫项羽。刘邦的老家在沛县，项羽的老家在下相，都属于当时的徐州——彭城。他俩是不折不扣的徐州老乡。以数百名沛县子弟兵起家的刘邦一路向西打头阵，攻下了秦都咸阳城，但在敢于“破釜沉舟”、大破秦军主力的项羽面前也不得不暂时低头。而志得意满的项羽在烧尽秦国宫室后，首先想到的是“富贵不归故乡，如锦衣夜行”，携带着大批财宝、美人东归故乡，定都彭城。

在后代人看来，项羽虽然“力拔山兮气盖世”，但在政治上却是极为短视的，在经历了四年的楚汉相争之后，他很快亡于刘邦之手。但从另一个角度来看，在灭秦之后他的第一个念头就是东归故乡，足见对这块土地是多么的热爱啊。还记得那句著名的成语“刀枪入库，马放南山”吗？刀枪入库的主人公就是项羽，马放南山的所在就是户部山。

户部山是离当时的徐州城最近的一座小山，周边地势平坦而开阔，也就成了项羽练兵放马的演武场。在秋高气爽的最好季节，项羽常常带着美人虞姬登上南山之顶，山下军旗飘飘，军马自由自在地饮水吃草，一派和平景象，“秋风戏马”的历史典故由此产生。但他又怎能想到，就在此后不久，刘邦率军杀到彭城，历经四年的血腥之战，他竟落得个四面楚歌、兵败垓下、自刎乌江的下场呢？

如今，在户部山的最高处，就是徐州人为纪念这段历史而建造的戏马台了。沿着高高的台阶拾级而上，一座巍峨壮观的庭院便呈现在眼前。庭院深深、松柏苍苍，前院立有项羽的巨大雕像、有青铜巨鼎，有“西楚雄风”殿，还有颇有历史沧桑感的蟠龙石柱，后院则有小桥流水、九曲回廊，是夏季消暑的好所在。

说起来，我很喜欢庭院内的一副对联，上书“彭城千古秀，西楚一时雄”。我也很喜欢这座庭院，总觉得它既有北方之雄浑，又有南方之秀美，更难得的是，它纪念的是一位失败的英雄。在素以成败论英雄的中国人眼里，戏马台所展现的徐州人的性格，是不是很特别呢？

刘邦和项羽不仅是马上打天下的英雄，更是吟诗作辞的高手。还记得刘邦的那首《大风歌》吗？

大风起兮云飞扬，
威加海内兮归故乡，
安得猛士兮守四方！

虽然只有短短二十三字，却道尽了天子之威、英雄之志。而同为楚人的项羽，被人记住的却是对虞姬的铁骨柔情：

力拔山兮气盖世，时不利兮骓不逝。

骓不逝兮可奈何，虞兮虞兮奈若何。

当你流连在户部山下、戏马台前，反复念起这两首诗句的时候，心中定会生起无限感慨吧。

徐州所诞生的英雄，不止刘邦和项羽。就在戏马台脚下的这座小山上，还见证了另一位著名历史人物的风云故事，那就是曾经“金戈铁马，气吞万里如虎”的南朝宋国开国皇帝——宋武帝刘裕了。

“斜阳草树，寻常巷陌，人道寄奴曾住”，这是辛弃疾在《永遇乐·京口北固亭怀古》的著名词句。一千六百多年前，小名寄奴的刘裕就出生在彭城绥舆里，想来这也是一处寻常巷陌吧。

东晋末年，天下大乱，刘裕随家人逃难到京口，也就是现在的镇江，又称南徐州。素有大志的刘裕心怀故土，在掌握东晋的实权之后多次兴师北伐，以家乡彭城为军事基地和指挥中心，在登基之后还把自己的儿子封为彭城公，足见对家乡思念之深。

和项羽一样，刘裕在徐州时最喜欢去的地方就是现在的户部山。就在戏马台的东侧，他还下令建造了一座著名的寺院——台头寺。公元416年，刘裕于重阳之日，登高赋诗，大宴群僚，谢灵运、谢瞻等人即席赋诗，一时传为佳话。台头寺也成为后来南朝四百八十寺的源头。

后世徐州人一直保持着重阳之日登高、赏菊、赋诗的传统。北宋时期，大文豪苏轼任徐州知州，多次在台头寺与老友把酒言欢，写下唱和之作，《台头寺送宋希元》《台头寺步月得人字》《台头寺雨中送李邦直赴史馆分韵得忆字人字兼寄孙巨源二首》等，都是这个时期的杰作。

苏轼是深受徐州人民爱戴的一位地方官。他在徐州担任知州的时间不长，只有一年零十一个月，却做了好多件为人民造福的大好事，其中最出名的就是抗洪救灾。宋代以来，黄河夺泗入淮，流经徐州，河水多次泛滥，甚至水淹州城。苏轼带领军民日夜不眠，高筑堤坝，抗击洪水，终保得一州百姓之平安。

作为一代大文豪，苏轼非常喜爱徐州，在这里留下了大量的诗词歌赋，著名的有《黄楼赋》《永遇乐·彭城夜宿燕子楼》《百步洪二首》《登云龙山》等，都是脍炙人口的佳作。其中户部山台头又是他特别喜欢的地方，经常在此迎来送往，欢宴宾客。读读这首《台头寺步月得人字》吧：

风吹河汉扫微云，步屧中庭月趁人。
浥浥炉香初泛夜，离离花影欲摇春。

遥知金阙同清景，想见毡车辗暗尘。

回首归游真是梦，一簪华发岸纶巾。

一诗读罢，千年台头寺，跃然在眼前。

黄河是中华民族的母亲河，但这位母亲在养育儿女的同时，也时不时以滔天的巨浪，展示她严厉的一面。徐州在历史上曾多次遭到黄河水淹，而户部山地势较高，不受水患侵扰，历来是避水的首选。到了1624年，明代徐州户部分司署索性把办事地点迁到此处，南山由此被称为户部山。

明代户部分司署的主要任务，是督办漕运，也就是从繁华的南方向京师北京调运盐粮。东晋以后，随着中国的经济重心逐步转移到南方，大量的钱粮需要通过运河从南方运送到北方。黄河奔腾于东西，大运河沟通南北，徐州拥有黄河、大运河两条大河，历来是漕运的必经之所，城外还建有规模巨大的国家粮仓——广运仓。

如今，站在户部山顶向东望去，不远处就是高耸的故黄河堤坝，堤坝之下现袁桥附近，就是明代“四大转运仓”之一的广运仓遗址。

明正德年间，广运仓最为兴盛，有仓储百座，仓房上千间，可“储粮百万石”。漕运最繁忙时期，每年经徐州北上的船只有一万两千多只，调运粮食数百万石，广运仓就是重要的储存、调运、中转，乃至赈济灾民的国家粮仓。后来随着黄河改道，运河北移，广运仓赖以运作的条件消失，最终消失在历史的尘埃之中。

户部山的位置既然如此重要，搬来的就不光是户部分司署，也包括徐州的官绅富户、富商巨贾。“穷北关，富南关，有钱的都住户部山”，久而久之，在户部山居住就成了富贵和身份的象征。数百年来，户部山周围高宅大院密布，民居鳞次栉比，郑家大院、余家大院、翟家大院等古建筑依形就势、错落有致，形成独特的古民居文化。户部山的名声也愈发的显赫，并在此后的三百年间，逐渐发展成为徐州的经济和文化中心。

说起文脉传承，户部山上还有另一处徐州人的骄傲，那就是李蟠状元府了。李蟠生于户部山，是徐州明清两代唯一的状元。李蟠的人生经历比较坎坷，他天资聪颖，二十岁考中秀才，三十六岁考中举人，四十三岁被康熙皇帝钦点为状元，授官翰林院修撰。两年后，就因顺天府乡试案，被人中伤陷害，无罪流放沈阳。又三年后，被赐还乡，隐居于户部山。后来康熙皇帝南巡路过徐州，曾召见李蟠，想重新起用他，但他已无意仕途，淡然拒绝了。李蟠的余生是在户部山度过的，著书立说、吟诗作画，人生的浮沉在他看来不过是一场梦。他曾经写过一首《户部山探梅》，颇能反映他晚年的心境：

空山无伴已多年，惟有寒梅傍我妍。
疏影偏宜闲散地，幽香不到艳阳天。
含苞带雨来相问，露蕊临风倍可怜。
纸帐夜深还入梦，罗浮只在一灯前。

李蟠的状元府是在老宅的基础上扩建的，就在戏马台脚下的户南巷上，原占地约有六千平方米，三路四进，有三百多间房，后来家道中落，房屋被后人陆续卖与他人。和山上巍峨壮观的戏马台相比，如今的状元府荒凉破败，已不复旧时之模样。庆幸的是，李蟠状元府已被列为全国重点文物保护单位，相关的修复计划也在紧锣密鼓地进行当中。

相信在不远的将来，户部山，这一徐州千年文脉的传承之地，又将增添一处凭古之地。

【作者简介】

风华，徐州人，从事新闻工作二十余年，略有小成。

◎徐州阅读行走图

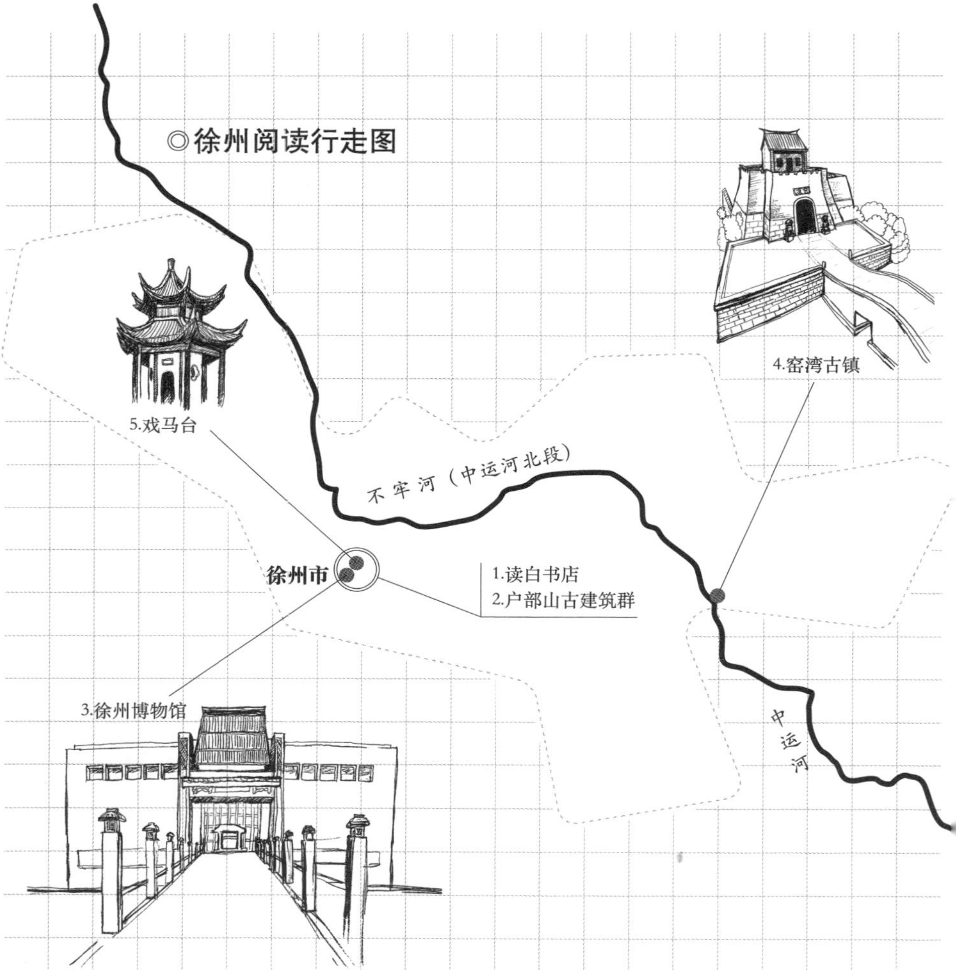

1.读白书店

江苏省徐州市彭城路户部山步行街A1-3(盘子女人坊二楼)

2.户部山古建筑群

江苏省徐州市云龙区项王路状元街交叉口

3.徐州博物馆

江苏省徐州市云龙区和平路118号（徐州师范大学老校区）

4.窑湾古镇

江苏省徐州市新沂市窑湾镇

5.戏马台

江苏省徐州市云龙区户部山项王路1号

大闸口——入淮新洛渐漫漫

苏宁

淮安有自己的博物馆、图书馆，有一个又一个历史遗迹——这些让人容易对一座城市产生了解的地方。但这些了解，多能从纸面得来，经由过他人论证，看似确凿，实究起来，却不是自己的，是不必亲身到达就可获得的。倘想对一座城市的第一了解里有自己纯粹的感受、见识，双脚一定要踩到这城市的泥土，看到这泥土上的人从你眼前真实走过。若时间有限，来了淮安却不能久驻，那必走的一个地方，可能就是大闸口。

大闸口一带，是运河在淮安城的中心地带。

大闸口北的石码头，在水路作为重要交通方式的时代，往来客旅官商，皆需在此下马换船或下船换马。“南船北马、舍舟登陆”，即从此来。看似平常巷陌，一样的泥地、尘土，表面上云淡风轻，但随便一锹下去，都有故事。像家里一位长辈，经历很多，只是不愿讲述。

明清两代，中央的漕运及河道机构都设在淮安。

明永乐年间，为确保粮船运输安全，妥善治理河患，平江伯陈瑄在淮安地界建了四道大闸，清江大闸口就是其一。且是目前整条运河上保存最为完好的古闸。当时的朝廷，确立了以内河为主的粮运制度，除山东、河南粮船可不经过淮安入京外，其他地方的粮船都要经过淮安城北上。明万历年间，苏、杭、扬、淮四大市集并立。天朝八个税关，有七个税关设在了运河沿线。

这一座古闸，为运河护航外，另有奇异——它别有一种不可言说的魅力。这魅力不止生成于它本身的、对历史紧密的链接和代言，对于今天的淮安城，它还是唯一的、让淮安有那么一点与众不同的所在。似乎就是因为它的存在，这一块土地才有了格外的融和力和包纳性。举例说，我们现以御码头为圆心点，它南面有慈云禅寺——新中国成立前，淮安城没有女校，慈云寺里专设过收女生的私塾；慈云寺边有供奉孔夫子的文庄；有道观；它不远处，还另有伊斯兰教堂和福音堂。五大宗教聚于方圆一公里的土地上，是非常独特的。淮安城自己的人，却一点不觉得是惊奇，朝暮之间，只是寻常。

在慈云禅寺背面，是国师塔，与国师塔呼应的，另一个比较高的建筑就是中州岛上的清江浦楼。

一个人，从花街走出来，到东长街去，要过水门桥，这水门桥桥北头下就是石码头，桥下就是运河。“南船北马、舍舟登陆”的御碑，就在码头边上。

碑北边，是一条美食街。

这条街是新街，和文庙近在一呼一吸之间。文庙这几年，有了自己的风格，是个旧物集市的样子：旧书、旧物、小工艺品、花草。美食街上则是另一种风格，一到周末，各学校放假，很多男孩子女孩子们就出来了，来这街上吃小东西。外地的人也会来这街上尝地方小吃。它和花街也不同，花街是老商业街，以卖大件的穿戴为主业。这条街上，只是各色食品摊位、酒馆。到了晚上，各酒馆门口的灯亮起来，聚餐会友，商谈人生诸等大小事，都要有酒菜趁着。这些酒馆都不是大厅点餐的排场，是做成一间房间里只一张圆桌的样式，很多的小房间，一张圆桌一席客。中餐的最大陋习是所有宾客围圆桌共餐，不是分餐自取式。人重情谊可能是需要方式的，比如同吃过一张盘里的菜，同喝过一壶里筛出的酒，都可视为结盟约的仪式。

这条街从中式的餐馆醉笑天起，到专卖现磨咖啡的泊岸咖啡馆止。

2013年，淮安城开始投建里运河文化长廊景区。先期所涵，就是闸口这一带。从若飞桥到中州岛的河岸空地，完善了绿化，修起了步行道。运河博物馆、淮安名人馆、清江清记忆馆紧挨着建在御码头到浦楼之间。

这一段河岸，是我很多年来最喜欢的一块地方——反复来，常常来，翻来覆去就是这些花木草树，这些不动的场馆建筑，然而每一次来，都觉得有不同。有一次忽然想，这不同，都是因为这河罢。河水流过，每一次从眼前流过的水都不是昨天的水。

因为一条河在其间，无形中保存下生活和自然的通道，使到处钢筋水泥的现代城市有了一点温润和潮湿。

城市中心地带居然有一条河。有河就有岸呀，有很多和水有关的生灵、物件。是河边就要有很多的草木啊，也要有花，有很宽阔的空地。人在其间行走，能凭身边的植物感受到季节的更替。

河水还要是流动的，清亮的，在河边停下久久地向河里望，偶尔看到一条鱼在跳——是这样一条仍然在养育生命的河。

唯一遗憾是，每到晚上，河边有灯光，这灯光太明亮，使夜里行人可以仍在河岸散步而不需秉烛，但这灯光是会惊扰树们的安眠的。

沿河的老街，这几年一并规整新了（这个“新”好还是不好呢？从一个城市的建设上讲，好肯定是大于不好的）。以水门桥为分界线，向东是东长街，向西是西长街。不管街新还是街旧，住在东西长街的人，出门口仍然是这河。

这河过哪家门口，就成了哪家人的一部分。20世纪80年代末，临河街上的人家还在运河里陶米、洗菜、洗衣服。女人们拎了熄火的煤炭炉子到河边空地上生火，生好火、散了烟再一路拎回家。那时，河边还没有一处高楼。各人家都是平房。到了90年代末，这一带开始旧城改造，慢慢拆了平房，迁走工厂，建起高楼，先建的一批楼大多是六层的无电梯楼。也是下楼渐渐地不方便了，河边人家不再去河边洗涜物品、米粮、果菜。

一条河游走在城市的中心地带，很少出过城的人是视为平常的。过去交通不便，下到县里都是半天的路程。20世纪90年代末期，淮安才开始修建铁路，车站修好，才慢慢有了火车。这几年，又添了机场。但在此之前，除了公路，只有靠水路出去——运河就是一条伸在家门口的、可以此到达另外城市的路。在水路是重要交通方式的年代，一个城市有了一条穿城中心而过的运河，就像母亲有了一个让自己活得荣耀、安心的儿子，寄望中的他，既能担下各种寒苦困顿、又能托付一切族中大事。

这一带之左右，沿河之两岸，还颇有些旧迹。如果多一点时间，也可以一并走走看看。如周恩来童年读书处、郎静山旧居、周信芳旧居、若飞桥，所涉都是离这个时代不远的人。作为乡梓前辈，他们都在不断地离乡中，活成了更开阔、广大的人，已不单属于一地一域。他们被世界上的人，更多的异乡、异域之人知道、熟悉、接纳，获得了遥远处的人的爱惜。他们有一个共同的身份：离开故乡的人。因为这份离开，他们打开了生命的更多外延和可能。

水运衰落后，大闸口不再是淮安城热闹的地方。一左一右，多是小商铺。三四十年来，这些小商铺默默提供的，多是生活中的小配件：衣服扣子，夹煤炭的钳子，结婚时人家门上贴的红鸳鸯剪纸。后来有了淘宝，半城人都知道了淘宝，有一天，我从那里走，发现从前卖这些零碎的店依然没关。修剪衣服的、卖香烛纸锞的，也都还在。仿佛不知道网络这件事已经来到所有人当中一样。这种安然让我忽然的沉静。忽然地，有了一种对世界诸事一并放心的安然感。

巷陌的缝隙里，仍可寻见一些手推车，车上放着小炉子，有的是一锅甜糯的糖粥，有的可能是在炸一种类似小丸子、此地人名为油端的小食物。夏秋，车上有藕孔里填满了甜糯米再小火煮熟的藕段，冬天有烤山芋。这些小食物是流水席，各人年年月月一个品种，却从不断卖。这食物的香气，让天马行空的人也能猜到这是人间——那些偶然经过这里的人，或者是那些常闲来走走的同处一城的人，天天来一次，都自知不会成为这街上一员。它有一种说不清的、无法复制的气息。

“入淮清洛渐漫漫”，雪沫乳花初浮午盏，两流相汇于默默——那样的不可述与意在言外，一切都在萌动的、有着河流水气与人间热气的“渐”字和“浮”字里静下——近似于这样的气息吧——是认真想了，也找不到合适的事物来比拟的气息罢。每天晚饭后都来御碑亭边下一盘棋的人，每天都过来河边唱一段地方戏的人，他们统统地、是没有参与进来过的，他们洇在其间，却只是这气息的旁观者，是大闸口常住民大部分生活的旁观者，是他们让我们谦虚持久地保存了他人生活旁观者的身份。

此生合是江湖老，河水无声，来者也无声。

这来者，包含异地偶来的旅人，包括只隔了一条街天天从这里走过无数次的比邻，包括新生者。来者来得无声，走了也多不会发出响动，打扰到他人。生活只会让一个个成年人越来越沉默。

虽然这河，这大闸口，这一切的物，不是某个人的。

甚至，不是我们一个城市的。

运河经过了很多城市。它沟通、汇聚、推动不同水域之水同流、交流，增加承载。

它只是从我们的土地上经过。我们把它当成挚爱，甚至当它是唯一的儿子。但是，它是有比我们看到和想象庞大的生活的，它不只是在我们面前的这一个身份。它会有其他身份，比如，去成为他人的父亲、成为其他家庭的孩子——他必会成为别人的亲人。我们不能，也无力把它留在门前，也不可能跟它一起走，一直走。他会有另外的家人。在我们城市中这一段，只是它浩荡生命的一小部分。在历史的上游，它照看过我们的祖先和前辈，给了他们交通和不同于眼前生活的可能。并因为种种承担而被赋予价值，成为一条有年纪、有经历的河。我们知道它给过我们什么，所以，才加倍努力地厚待它，保护它。

我们每一个，都只是河上走过的无数人之一。用一生去经历的，也都只是它的一小段。在历史的下游，它必会被增加新的定义，也会继续汇入这块土地上人的生活，还原为平凡流水的样子：不是那么喧闹的，没有潮汐波澜，渐渐地活成一种隐喻，把一个城市从高架桥上的繁忙车流中引向和缓、安静。

它有这样的力。

现代生活中，琐碎与焦虑常把一个人裹到密不透风。我们知道生活不该是这样，但我们每天过着的，就是这样的、没有孔隙呼吸的生活。很多时候，想找一个地方静一静，让自己透一下风，不被任何人事搅动，需要一个地理空间把这样的自己收下，容纳下。

如果在淮安，我就希望你去闸口走走了。它离谁都很近。没有栅栏，没有围墙——空阔而慈祥。一个小朋友对我说过一个金句：只要趴到桥上，看到运河水哗啦啦那么一流，心里就腾出放明天的地儿了。

戊戌冬月十七日下午，长篇小说《北上》发布会加了淮安一站。则臣君从杭州过来，路上有点堵车，主持人请我先去招呼下读者。到了知行空间的会场门口，我遇到文史委群里的两位老先生。那天很冷，他们却早早到了，见面就问我：听说《北上》里写了一个到过淮安的人，他到的是大闸口吧？

【作者简介】

苏宁，作家，诗人。

◎淮安阅读行走图

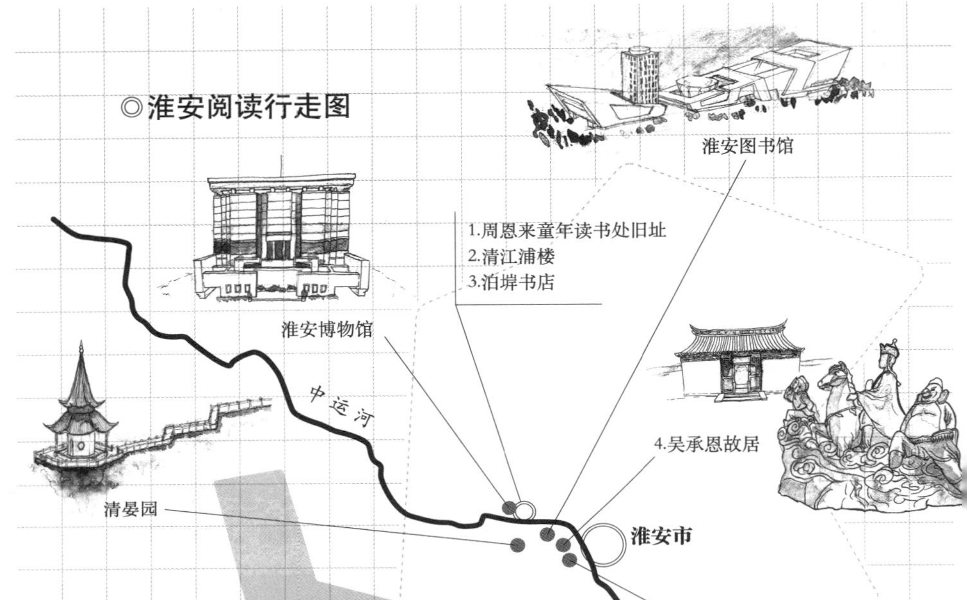

1.周恩来童年读书处旧址

江苏省淮安市清河区漕运西路174号

3.泊岸书店

江苏省淮安市清江浦区漕运西路188号信达名府1号楼门面

2.清江浦楼

江苏省淮安市清江浦区
浦楼街道河南西路清江浦楼

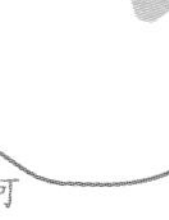

4.吴承恩故居

江苏省淮安市淮安区打铜巷12号

在宿迁，寻找朱西甯的精神足迹

王其成

但凡对台湾当代文学有所了解的人，对朱西甯这个名字应该不会陌生，但是能清楚知道他出生在江苏宿迁的人恐怕不会太多。因为在介绍他籍贯时，习惯说是山东临朐。

2003年莫言先生应邀给台湾新版朱西甯小说《旱魃》作序时写道，在新加坡见到天心小姐，温良恭俭让，有大家闺秀风范，又知祖籍是山东临朐，与我的故乡高密仅百里之距，同属潍坊，于是更感亲切。莫言当朱西甯是老乡了。

就连朱天文和朱天心姐妹二人，也是在1988年朱天文跟随父亲回老家时方才得知，他们要回去的，不是从小填表时籍贯一栏里反复写下的山东临朐，而是江苏宿迁。

是的，朱西甯出生在江苏宿迁，他是从宿迁大运河畔走出去的苏北汉子，他是喝着大运河与古黄河水长大的宿迁人。

宿迁地处江苏北部，北临徐州，京杭大运河与古黄河穿境而过，两条源远流长的古老河流孕育了这座美丽的小城。

大运河在宿迁境内不同历史时期曾有三个河道，即隋唐时期的通济渠尾闾（今泗洪县境内老汴河），元明时期的黄河故道和清康熙年间开挖的中运河。黄河故道曾是泗水河道，黄河决堤南侵被占，白居易的诗句“汴水流，泗水流，流到瓜州古渡头”可作为当时宿迁水域的写照。康熙十五年（1676年），黄河、淮河大水齐发，泛滥成灾。翌年，康熙帝任命安徽巡抚靳辅为河道总督，专事治水。靳辅治水的重要功绩就是在宿迁开挖中运河，中运河的开凿奠定了今日京杭大运河的走势，彻底改写了大运河的历史，这一段河道在2014年大运河申遗成功时被确认为世界文化遗产。

中运河从徐州窑湾向东一路逶迤而来，在宿豫区闸东居委会转了个九十度大弯，由东西走向变为南北走向，形成一个巨大的臂弯，环抱着宿迁城。可能是马陵山的缘故，黄河故道也在同一经度由东西转向南北。老宿迁城就在两条河道之间滨水而生。

这个城池在先秦时期曾用名下相，诞生过赫赫有名的战神楚霸王项羽，他文才武略，写下过流传千古的悲情诗篇《垓下歌》：

力拔山兮气盖世，
时不利兮骓不逝。
骓不逝兮可奈何？
虞兮虞兮奈若何！

这大概是宿迁地区流传最早、最广的文学作品了。

时间推移到20世纪，后来旅居台湾的著名作家朱西甯出现了。朱西甯的祖父是山东临朐人，先在德国人家当长工，因为很机灵，后来升任管家，跟着德国人信仰了基督教。他会骑着毛驴在鲁南山村四处传教，为了能够让当时完全不识字的农民懂得并接受这个信仰，他在传教时会用中国人容易接受的传奇历史掌故和当地的风土人情故事来承载教义。因此他很快被视为异端，受到当地教会的排挤，进而被驱赶出去。他的爷爷带着一家四口，妻子和两个儿子（其中之一是朱西甯的父亲），不知道去哪里安家，就一直往南走，直到到了宿迁被一个李姓地主收留。从此朱家在宿迁落了脚。

1926年农历六月十六朱西甯出生了。在此之前他上面已有两个哥哥和六个姐姐，他排行老九。朱西甯的家庭不同于一般的农民家庭，他们是受到西方教会影响的多少有点现代意识的新农民，他们不会做只知道在土里刨食、终身把命运捆绑在土地上的老实巴交的农民。朱西甯小的时候，他的哥哥姐姐要么参军，要么上学，只剩他一个老幺承欢膝下，在爷爷奶奶讲述《圣经》故事和山东老家民风民俗的熏陶下寂寞地长大。

朱西甯的老家也不是典型的农村，而是城郊，叫城西村，与宿迁县城仅一河之隔，通过一座五孔桥跨过宽不过百米的古黄河就是另一片天地了。

现在的城西村已成为宿迁市的市中心，连地名也不复存在了。1988年，六十二岁高龄的朱西甯阔别故乡三十九年后，重新踏上这片土地，那时城西村还是一派田园风光。他凭着记忆在田埂上找到了埋葬着先辈的祖坟，花巨资把一抔荒冢改造成水泥坟茔。2018年朱西甯之女朱氏三姐妹朱天文、朱天心、朱天衣带着大导演侯孝贤来拍摄纪录片《文学朱家》时，再也找不到记忆中的那片土地。后来在亲戚的帮助下，才确认位于繁华商业街楚街的状元楼饭店地下就是她们祖先的长眠之所。她们在状元楼前合了影，在状元楼里饕餮一顿，算是寄托对先祖的思念。据说他们后来到了位于骆马湖中心的戴场岛上，才扫到父亲朱西甯笔下童年时代苏北乡村风貌。

朱西甯少年时就跟六姐去南京读书，1949年参军随孙立人部队去了台湾。在宿迁自然不会留下什么故居，即使住过的房子也早已成为高楼大厦的地基。但是我相信，就像宿迁的田畴稻浪、风土人情会深印在朱西甯的笔下心中，朱西甯的脚印也会永远被宿迁大地所收藏。

毕竟京杭大运河还在。那汤汤河水依然日夜不停地流淌着，那座始建于明、重修于清，祭祀水神、祈求河清海晏的大王庙，依然端坐在运河西岸，青砖小瓦院落掩映在一片翠绿之中，俯瞰如绿枝编织的小巢。运河大桥的身姿变了，变得魁梧帅气，但位置没变，还在1938年国民革命军第89军第198团团长刘振黄下令征集木材和民船架起的宿迁大运河上第一座浮桥的那个位置。

毕竟古黄河还在。黄河故道就在城西村的后头，如果朱西甯割过草，那滩头一定闪现他挥镰的身影；如果朱西甯放过羊，那草地一定回荡他扬起的鞭声。不过，现在的黄河故道已经被修饰成花团锦簇、树影婆娑的城市公园。

毕竟他亲眼见过的那些古建还在。这里有西楚霸王项羽出生地——项王故里，清朝康熙四十二年，宿迁知县胡三俊在梧桐巷立碑，亲自题写碑铭“项王故里”，那碑不惧风雨三百余年后仍屹立在故里门前；项羽离家之前手植的一棵槐树，吸日月之精华，历两千余年仍枝繁叶茂，生命力旺盛。始建于1897年，一直到1949年新中国成立时都是宿迁城最高建筑的道生碱店还在，这座中西合璧的建筑曾经是美孚石油宿迁办事处所在地，当年出售洋油、洋火、洋碱，想象一下，朱西甯家应该在此购过物。建于1925年的西式建筑耶稣堂还在，作为信仰基督教的家庭，我相信朱西甯一定跟随父母或祖父母来此做过礼拜。还有离教堂仅一箭之遥的黉学孔庙……这些凝聚着鲜活时光和悠久岁月的所在，都可以成为我们追思怀人的媒介，寻访精神足迹的触点，完全可以弥补没有故居遗址之憾。

朱西甯祖籍山东，生于宿迁，属北方汉子，按理该魁梧高大，可他一生清癯有加，体重从未超过五十公斤，晚年一头卷曲的白发，配以平静谦和冲淡的性格，简直有点江南小生的味道。他最初的文学偶像是张爱玲，就不奇怪了。踏上军旅之途，所带物品精简到最后，书包里竟装着一本张爱玲的小说《传奇》。他到台湾后辗转联系上了张爱玲，多有书信往来，被张爱玲称作“沈从文最好的故事里的小兵”，这个比喻倒有几分神似。20世纪70年代，胡兰成在台湾因曾在汪伪政府任职为人所不齿，一度生活窘困。朱西甯爱屋及乌而接济胡兰成，不惜开罪了几乎所有朋友。这一点倒有着北方人的拗劲。

在我所读到的关于朱西甯的故事中有两个最令我动容。一是到台湾的最初十几年从未动过置房的念头，住过一个又一个眷村，在风雨飘摇中寻找安放一张书桌的空间，也没考虑过买房。他的执念是：“买什么房子，安家落户的，就不打算回去了么？！”连家具都要买竹的，这样回家（指大陆）

的时候即便丢了也不心疼。他身在台湾，根却伸过浅浅的海峡深扎在大陆。他的小说多取材于旧中国北方农村，是以这种独特的方式借助文字之船穿越时空还乡吧。我知道他的地图上永远有一个抠不去的地名——宿迁。

第二个是他的孩子都喊他“大”（读第一声）。“大”是过去我们宿迁农村对父亲的称呼，这个称呼很土，现在已经消失了，以前也只在农村时兴，城里人都管父亲叫爸。朱西甯十几岁去外地读书，二十几岁参军入台，在台湾娶妻生子，夫妻都是文化人，三个女儿美若天仙，却把宿迁老岗地里生长的这个土得掉渣的称呼移植到台湾那个吴侬软语的语境。单这一个称呼就能称出朱西甯心中乡愁的重量。

朱西甯一生著作颇丰，有短篇小说集《狼》《铁浆》《破晓时分》《现在几点钟》《蛇》等；长篇小说《猫》《旱魃》《画梦记》《八二三注》《猎狐记》《华太平家传》；散文集《微言篇》《曲理篇》《日月长新花长生》等。还有三部重要作品——朱天文、朱天心、朱天衣，都是台湾著名作家。

但无论在台湾还是在大陆，朱西甯的名气总赶不上他的成就。不过在宿迁倒几乎是家喻户晓的，他的名字频繁出现在各种史志、名人录中，位于道生碱店的宿迁名人馆他也赫然在列。

1988年还乡之行回台后，他开始闭门不出创作最后的长篇小说——《华太平家传》。他曾八易其稿，动辄写到十五万字、二十万字之后觉得调子不对而从头再来。最后第八稿的时候写了三十三万字，他觉得好像可以继续下去。等到拿稿子重新看的时候，才发现底部竟然都被白蚁吃空了。当大家特别惋惜的时候，朱西甯淡然地说，这也许是上帝用一个委婉的方式告诉我，这个写得不够好。他又另起炉灶，从头开始，一直写到1998年离世为止。他预计写三百万字，但写到五十五万字人生就剧终了。《华太平家传》的手稿终止于1066页，正好跟他临终时住的病房房号一样。也许是命中注定吧。

2018年，朱西甯先生仙逝二十周年。10月19日，朱西甯之女、享誉台湾文坛的朱氏三姐妹朱天文、朱天心、朱天衣再次回到宿迁老家，在市实验小学礼堂举行文学分享会，分享朱天文的《最好的时光》、朱天心的《想我眷村的兄弟们》、朱天衣的《作文课》。

翌日参观市容市貌。其父辈祖辈生活的城市已经今非昔比，单是这古老的京杭大运河城区段就凌空飞架起十座大桥。来到世界文化遗产标识牌所在的运河五号桥，站在桥上北望，蓝天白云之下，大运河流水淙淙，清波荡漾，几排高楼点缀在远处岸边；运河大桥横亘水面之上，桥塔和悬索牵起两岸的建筑；浓浓的绿荫眼睫毛一般簇拥着河道，使河水灵动有神；一条满载货物的拖船从桥下驶过，把平静的水波裁成一个大大的“个”字。向南看，这一带水面最为开阔，可以用烟波浩渺、水天一色来形容了，视线沿着运河一直能延伸到很远的地方，那儿天水相接，云栖树梢。右岸是东关口历史文化公园，雄雄关楼耸立水畔，巍巍城墙护佑岸堤，与一路之隔的项王故里相呼应，构成宿迁最具思古情怀的景观。

2018年10月29日下午七点半，北京鼓楼西剧场，朱西甯作品《铁浆》《旱魃》大陆首发式在这里隆重举行。举办者打出的标语是：朱西甯，最后一位民国小说家。大陆读者终于可以读到这迟来了半个世纪的佳作了。

我还是期待着他的封笔之作《华太平家传》，那里有朱西甯描绘的大运河畔的宿迁。

【作者简介】

王其成，江苏省宿迁中学高中语文教师，江苏省作家协会会员，宿迁市大运河文化带建设研究会副会长。

◎宿迁阅读行走图

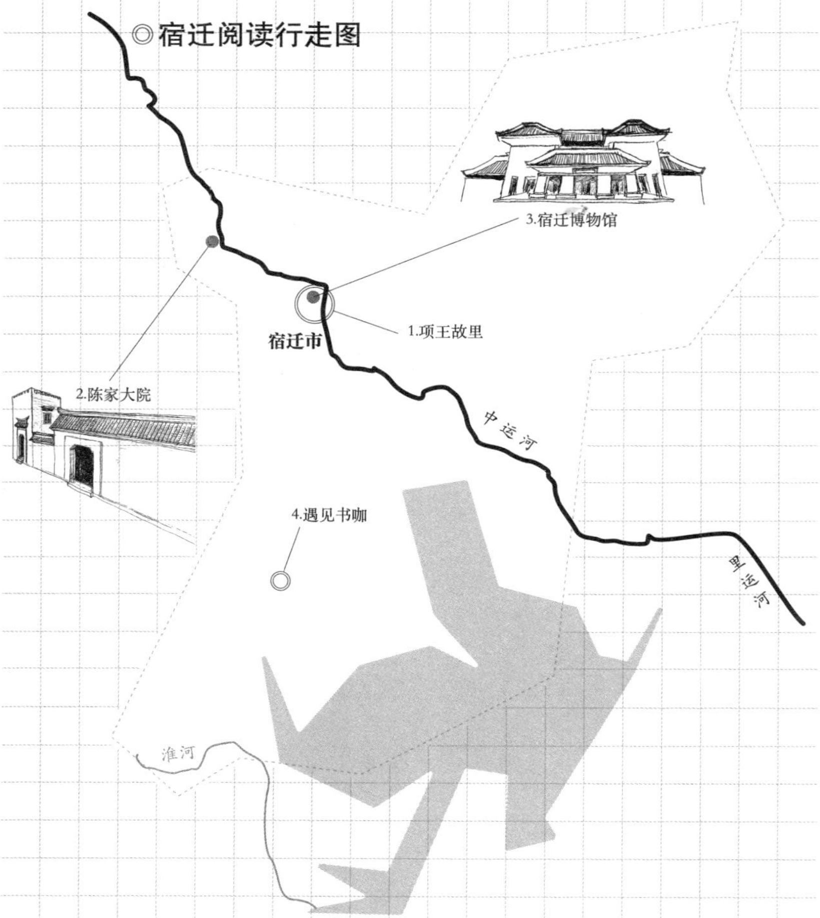

1.项王故里

江苏省宿迁市宿城区黄河南路288号

3.宿迁博物馆

江苏省宿迁市黄河南路188号

2.陈家大院

江苏省宿迁市宿豫区皂河镇通圣街陈家大院

4.遇见书咖

江苏省宿迁市泗洪县泗州西大街新华书店西侧遇见书咖

扬州高邮出了一位汪曾祺

王鑫

写运河边上的城市，扬州，必定是绕不过去的。论历史，“公元前486年，吴王夫差筑邗城，开邗沟”，这就是扬州城、大运河的初始模样，二千五百多年来，这座城，这条河，一直相依相偎，同生共长。论现代，在运河沿线城市联合为大运河申报世界文化遗产时，作为“运河长子”的扬州，毫无争议成为牵头城市，振臂一呼，一呼百应，为大运河申遗成功，立下汗马功劳。

说到阅读，谈到文学，扬州当然不遑多让。不过，这次我们的目光，还要顺着运河水，逆流北上，来到扬州境内的另一座全国历史文化名城：高邮。在那里，一位喝着运河水长大的老者，早就笑眯眯，乐呵呵地等在那里了。

他就是汪曾祺，被称为“抒情的人道主义者，中国最后一个纯粹的文人，中国最后一个士大夫”。

其实，对于一位作家而言，任何以文字编织的定语并不重要，人生百年，文字不朽，在每一位作家留存于世的文字中，我们都能找寻到，那些浸润在内心深处的记忆，或如浩荡长风，或如斑驳水影。因此，我们能够在莫言的《红高粱》里，感受山东大地的宽广深厚，能够在王安忆的《长恨歌》中，走进上海弄堂的蜿蜒幽静。当然，我们如今更能从汪曾祺的作品中，感受运河，感受这一条流淌了二千五百多年的河流，她的风情万种，她的摇曳多姿。

“1980年，汪曾祺在《北京文学》的第十期上发表了《受戒》，所有的读者都吓了一跳，小说哪有这么写的？什么东西吓了读者一大跳？是汪曾祺身上的包浆，汪氏语言所特有的包浆。这个包浆就是士大夫气，就是文人气。它悠远，淡定，优雅，暧昧。那是时光的积淀，这太迷人了。”这是毕飞宇在《小说课》中的一段回望，他专门提到了1980年这个年份，提到了汪曾祺的《受戒》，显然易见，至今看来，发表于1980年的《受戒》，在中国文学史上，有一种“醍醐灌顶”的作用。所有人从开始发出“小说哪有这么写的？”的惊讶，变成“小说原来可以这么写”的释然，小说的本质，在那一年份开始转化，开始回归，摒弃华丽，抛弃使命，回归到芸芸众生的日常生活。在《受戒》之后，无论是阿城的《遍地风流》，还是贾平凹的《商州又录》，中国现当代文学又重新上路了，以一种活泼泼的形态，回到文学本应有的面貌之中。

有人问我是怎样成为一个作家的，我说这跟我从小喜欢东看看西看看有关。这些店铺、这些手艺人使我深受感动，使我闻嗅到一种辛劳、笃实、轻甜、微苦的生活气息。这一路的印象深深注入我的记忆，我的小说有很多篇便是这座封闭的、褪色的小城的人事。

辛劳、笃实、轻甜、微苦，汪曾祺用八个字，简单，明了，直接，透彻，就写尽了人生。他说自己写的是高邮小城，何尝不是整个人间？

于是，我们重新开始阅读《受戒》，我们再一次被明海和小英子之间，那种朦胧的，健康的，勃发的爱情所倾倒，没有惊天动地，没有海枯石烂，只是两位年轻人，在最恰当的年纪相遇，彼此的内心，都轻轻说了一句“原来，你也在这里”而已。可就是这样抒情性的写作，平白如水，淡雅如水，却如此润泽人心。

在《受戒》的结尾，

芦花才吐新穗。紫灰色的芦穗，发着银光，软软的，滑溜溜的，像一串丝线。有的地方结了蒲棒，通红的，像一枝一枝小蜡烛。青浮萍，紫浮萍。长脚蚊子，水蜘蛛。野菱角开着四瓣的小白花。惊起一只青桩（一种水鸟），擦着芦穗，扑鲁鲁飞远了。

多美。芦穗、蒲棒、青浮萍、紫浮萍……这些只要是生长在水乡，都会司空见惯的场景，被写进小说中后，原来这么美。

汪曾祺说，这篇《受戒》，“写四十三年前的一个梦”。按照汪曾祺的年岁计算，那是一场十七岁时的梦。十七岁啊，多么美好的年纪，青春，懵懂，多情，纯真。而这一场青春的梦境，就发生在高邮湖里。和汪曾祺所居住的高邮城，恰恰隔着一条大运河，正如他自己所说的那样：“我的家乡在京杭大运河的下边，我们小时候常常去河边上玩，去看船，看打鱼，有的时候去西堤玩，那时候运河比较窄，坐小船两篙子就到了，西堤的外边就是高邮湖。”

如今，我们当然可以想象，十七岁的汪曾祺，是如何一次次坐着小船，渡过川流不息的大运河，来到波光粼粼的高邮湖。年少的人啊，所有的情思，都在一条河、一片湖中荡漾着，发酵着，就连他自己，也没有想到，这一次次的渡河临湖，最终会在四十三年之后，洇染出《受戒》这样的文字，并以这样一篇轻巧的，灵秀的小说，四两拨千斤，悄然开启了中国文学的一条温情大道。从他开始，中国近现代文学由此及彼，开始关注世道人心，开始笔触人间温情。

“水洗的文字”，这是后人对于汪曾祺作品的评价，2019年推出《汪曾祺全集》时，人民文学出版社编辑团队的郭娟也说，汪曾祺的文字，有时很难界定。小说？散文？晃荡在两种文体之间，自由舒展，自成一派。

如果你来访我，我不在，请和我门外的花坐一会儿。它们很温暖，我注视它们很多很多日子了。它们开得不茂盛，想起来什么说什么，没有话说时，尽管长着碧叶。

当我们读到这样的文字时，内心依然会有波澜。而这样的波澜，不是大洋大海的汹涌澎湃，不是大江大河的奔流不息，而是运河水一般的，平静的，温柔的，是一条小小的水系，在人心中，慢慢流淌，草木有情，人间小温。

这样的文字，或者说，是由他的内心，抒发出来的情感，的确如同“水洗”一般，干净透亮，明澈纯净。而每一位作家的文字中，都饱含有故乡的烙印。这样的烙印，对于汪曾祺来说，就是萦绕在周边的水系，大运河。

“我的家乡是水乡，我小时候，没有看到河水的日子几乎是没有的，每天都能看到河水。我从家到上学的路上，是沿着一条河走。上初中的时候，也是沿着护城河走的。”在汪曾祺的回忆中，一条条鲜活的河流，构成了文学家最初的世间记忆。而穿行在高邮城里的一条条河流，也都是从大运河里衍生蔓延出来的。

一河相承，满城风景。

这些年来，关于汪曾祺的追捧，一直没有落潮。各种版本，各种选集，如同大运河上的船来舟往，热闹非凡。如今，大家都在津津乐道于这位“可爱的老头儿”，赞叹于他的文学水准，并能把生活过成一首诗的模样。而在这样的“感情认知”之后，一场“理性研究”也正式启幕。

著名文学评论家、鲁迅文学奖获得者王干，就提出在汪曾祺文学作品里，还有一种品质被遮掩了，那就是他的文字。比如在《受戒》里，开头就写：“明海出家已经四年了。”这是什么文字？就是老百姓们平时所说的“大白话”，没有任何艺术加工的雕琢成分，整篇小说的文字，都是如此平淡如水的，最终却带给读者一种巨大强烈的美感。用现在的话来说，这就是一种“文化自信”，用最平白最朴实的语言，却轻易抵达读者的内心。而作为写作者，汪曾祺能够这样写，就代表着自己首先就有足够强大的底气，他是相信中文之美的，他在用自己的写作，捍卫着中文写作的风范，这就是真正的“文化自信”。

在汪曾祺年轻时，比如20世纪40年代，他也是受到当时流行的西方现实主义流派影响的，这些在他的作品中，比如《复仇》《小学堂里的钟声》等，都能感知到。而汪曾祺后来之所以成为现在的汪曾祺，是从20世纪80年代开始，他有了自我的觉醒，他开始真正感悟到中文母语的美好，这种美好不需要更多的花哨和技巧，就用最直接的中国语言，讲述最生动的中国故事。当然，这样的觉醒，也是基于汪曾祺对于中国传统文学的深入研究，最终才能厚积薄发，才能轻松展示出中国文字之美。汪曾祺文学作品中文字的代表性意象，在现当代中国文学史的发展中，意义是非常重大的。

2010年，中国文联主席、中国作协主席铁凝女士，曾来到扬州，参加“朱自清散文奖”的颁奖典礼。在活动期间，她特地提到，要到高邮去走一走，更准确地说，要去汪曾祺故居看一看。

于是，从扬州出发，沿着江淮公路，边上就是日夜流淌的大运河，一路在路边树叶斑驳的光影中穿行，在并不算长的车程中，铁凝时常凝神望着车窗外的大运河，若有所思。到了高邮，在汪曾祺故居内，四周转了转。当她迈出故居的那一刹那，周围的人，分明都看到，她眼眶内，泛出了晶莹的泪光。

相信她是睹物思人，相信她是难以忘怀，相信她在那一刻，又想起了汪曾祺，那位永远对人间充满热情，对人情充满真挚的老头儿。她的泪水，凝聚着整个中国文坛，对汪曾祺的一往情深，恋恋不舍。在铁凝的文字中，也丰盈着这种情感："他像一股清风刮过当时的中国文坛，在浩如烟海的短篇小说里，他那些初读似水、再读似酒的名篇，无可争辩地占据着独特隽永、光彩常在的位置。能够靠纯粹的文学本身而获得无数读者长久怀念的作家真正是幸福的。他就是他自己，一个从容地'东张西望'着，走在自己的路上的可爱的老头。这个老头，安然迎送着每一段或寂寥或热闹的时光，用自己诚实而温暖的文字，用那些平凡而充满灵性的故事，抚慰着常常是焦躁不安的世界。"

2020年，在铁凝，以及全世界无数"汪迷"们，都曾造访过的汪曾祺故居的基础上，一片汪曾祺文化特色街区，即将建成开放。汪曾祺纪念馆也将坐落其中，纪念馆的形态宛如一本本叠放的书本，厚厚地摊放在一层基座上，书本错落布置，营造曲折多变的内部参观流线，形成丰富的参观体验。起翘的屋顶既仿佛涟漪荡漾，隐喻汪老笔下"高邮的水"，又似汪老的散文稿纸随风飘扬，还仿佛一本本汪老的著作叠放在一起，向人们述说汪老的故事……内部园林曲径通幽，与南侧汪氏家宴、汪家客栈形成古韵的古典风貌带，既体现了汪老作为最后一位士大夫的儒学文人风范，又体现了汪老骨子里亲近自然、人文市井生活的浪漫情趣。整座纪念馆都以灰砖、素混凝土、青瓦为色彩基调，延续高邮民居传统，体现汪曾祺独具魅力的人文底蕴。

为什么，会选择在这一年？

因为，汪曾祺生于1920年。

2020年，汪曾祺百年诞辰。

【作者简介】

王鑫，《扬州晚报》记者。

◎扬州阅读行走图

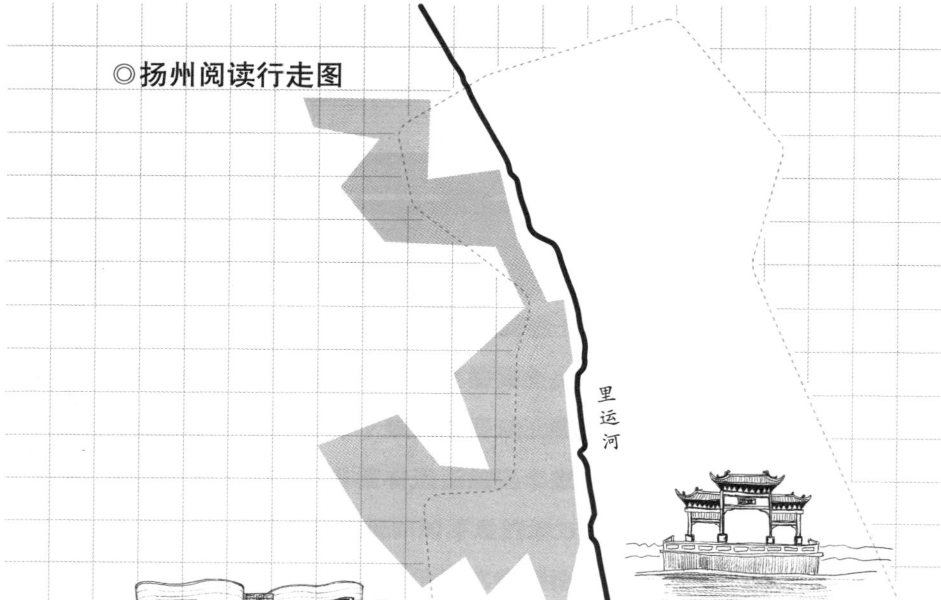

1.何园

江苏省扬州市广陵区
徐凝门大街66号

3.运河三湾风景区

江苏省扬州市广陵区兴扬路

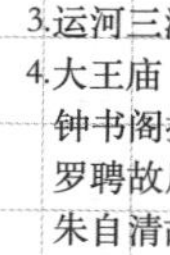

2.文峰塔

江苏省扬州市邗江区高桥路92号

4.大王庙

江苏省扬州市邗江区高桥路
与邗沟路交叉路口往东南约50米
（壹·点文创街区）

青果巷——教我如何不想她

袁梅

小时候，家住常州东门，那里是纺织工人的聚集区，听大人们说起青果巷，总有一种抬头仰望的姿态，那里是常州人的“贵族”区，一条青果巷，半部常州史。

常州古来都是出状元进士的地方，沿着一条运河数过去，每家都有几个“文曲星”。“江山代有才人出，各领风骚数百年”便是出自常州人赵翼之手。他们居住的这条巷子，是一个文运昌盛的地方，先后出过一百多位状元和进士，从前老梅对这些似乎没有太多的感觉，但随着年龄的增长，特别是离开常州，来京“北漂”之后，经常回望，渐渐对常州，对自己的出生地有了一种新的了解。新近几年，时常爱读的几位有趣的人的书，看一下，居然都是常州人，一位是周有光先生，快乐地活过百年，读他的文字开思路长学问，他是一位有独立精神的长者。还有著名剧作家吴祖光先生，配着一位有趣的常州儿媳妇新凤霞。再有一位便是赵元任，他是赵翼的七世孙，也是著名的语言学家、各种杂家，人称中国舒伯特。那天读他夫人杨步伟的传记，各种欢乐的妙趣横生，原来他们都是那么有趣的灵魂啊。

有意思的是，他们都是青果巷里人。这条巷子里，不仅文星灿烂，也是财气横流，清末的实业家盛宣怀，民国实业家刘国钧都曾是这里的住户，还有……名单要论起来太长了，还是专心回过头来说说我觉得最有趣的赵元任和青果巷。

青果巷是常州最古老的街道之一，始建于明万历年间（也许更早），因为位于城区的运河段，当时果商汇集，成了著名的“千果巷”。后来虽然运河改道，但是人气一直延续，千果巷渐成青果巷。记得以前，每到秋天走进青果巷，便是满身桂花香，一路清幽。著名的“八桂堂”，是文武双全的唐荆川的旧居。依稀记得，著名的中国共产党领导人瞿秋白和张太雷也都曾在这里住过。还有那位著名的女大律师史良，也就住在青果巷的巷口。

说说我那位有趣的老乡赵元任，他那首《教我如何不想她》已经传唱了一个多世纪。赵元任出生于1892年，九岁的时候他跟着母亲回常州老家读书，在这个叫“湛贻堂”的旧居里度过了他的青少年时代。之后到江南高等预科继续深造，不久便考取了清华学校庚子赔款的赴美留学生，在72名被录取的学生中他是第二名（大名鼎鼎的胡适位居第五十五名）。常州人似乎天然地有一种学霸的气质，只要想考，总能名列前茅。

赵元任先是到康奈尔大学读数学，之后去哈佛大学拿到了哲学博士的学位，此后他先后担任了康奈尔大学的物理学教授、清华的数学教授、哈佛哲学系讲师、清华国学院导师、北平女子师范音乐系教授、加州大学东方学教授等。像他这样学跨东西，研究一门便成这界的最高水准，如此本事，真是令人敬仰。

他的夫人杨步伟的传记，记叙了这位大才子也是一个大玩童，他研究学问，看起来都是那么轻松有趣，而且好奇心和动手能力都极强。我有时感觉，这种人是上天派来“气人”的，看看我们凡人学习的各种努力，这一切，在赵元任先生那里，都是小菜一碟。三十多岁的时候，他自创了罗马字拼音式，1928年被国民政府大学院公布推广，这应该是我们汉语拼音的早期形态吧。之后，这被另一位常州人，也是赵元任的街坊周有光先生继续传承，成为一个完善的汉语拼音体系。赵元任是一个语言天才，学起各种语言来都是快速而准确，基本上一周便可精通一种方言，据说他会30多种方言，熟练地运用英、法、日、德等十几国的语言，据说第二次世界大战期间他在巴黎开会，和巴黎车站的行李员用当地土话聊天，让工作人员以为他是地道的巴黎人。如此这种天赋，对于学了十多年英语也不敢开口说话的老梅来说，真是仰慕得高山流水啊。当然，除了天赋之外，他的专注和认真也是罕见的，真正的活到老学到老的楷模啊！

这是一个一生都充满了对世界的好奇心的人。他主修过的课程里不仅有他的主业数学和哲学，同时也选修了物理和语言学等。我们熟悉的《爱丽丝梦游仙境》，他就是最早翻译者。当年罗素来华讲学，他也是翻译者，连罗素都感到惊讶，他们在中国南北行走，各地的方言是不一样的，而赵元任居然可以把各地方言都学得那么字正腔圆。他还写下了《厦门大学校歌》《云南大学校歌》《东北大学校歌》，当然，最著名的是那首《教我如何不想她》。

到了七十多岁，固执的老先生坚持自己学开车，想着一位俊朗的老者飙起车来，也还是蛮爽的。

要了解赵元任一家的故事，可以读读他夫人杨步伟先生的两本传记，一本是《一个女人的自传》，记述了这位传奇女子的前半生。这位常州的儿媳妇也是一位满腹诗书且执行力超群的人，她的祖父是清末著名的学者杨仁山，是谭嗣同的老师。杨步伟二十一岁担任民国时期的第一所女子中学的校长，之后留学日本，获医学博士学位，1919年在北京和同学一起创办了一所女性医院，担任院长，医术被全城的人们认可。如此厉害了得的一位奇女子，1921年和赵元任结婚后便放下一切随赵元任赴美了。由此想来，赵先生的魅力是如此了得啊。这之后的一切可以在她的另一本传记《杂记赵家》中读到。

杨步伟相夫教女，他们的四个女儿也都是学者大家。大女儿赵如兰是哈佛大学的第一位华裔女教授，二女儿毕业于哈佛化学系，是著名的化学家，二女婿是中南大学的创始人、中国科学院院士黄培云。三女儿是康奈尔大学的教授，是一位儿童作家，出版过大量的儿童读物。四女儿学物理，是麻省理工学院的教授。这本杂记，不仅是一本历史脉络的疏理书，也有大量的八卦实录令人捧腹。有一段文字写到学者金岳霖：某一天他给杨步伟打电话，说家里出事了，请杨步伟帮忙，此时金岳霖正跟某位小姐相恋，杨以为出了什么事，结果跑去一看，原来是金家的一只大母鸡生不出蛋，正卡在半当中，所以请杨医生过来帮忙助产……

杨先生的语言生动而俏皮，看有趣的人写有趣的事，真也是快乐好玩。赵元任曾写过一篇好玩的小文《施氏食狮史》，写于20世纪30年代，全文九十多字，同一个音写的文章，太好玩了。

2020年5月，经过多年修缮之后的青果巷重新开街了，各处的名人故居都得到了一定程度的修缮，赵氏故居当然也是重点之一，这条街现在已经成为常州旅行的必经之路了。

带着孩子旅行的，一定得多走走这条文运昌盛的老街，多少可以沾点各路“学霸”的灵气。有这百位状元进士加持，也有常州天然的文风浩荡，也许，学霸们的某个故事可以触动起孩子们的好奇心和灵感，从此爱学习爱思考。

许久没回家了，这个秋天蟹黄桂花香的时候，还是想回去看看，也沾点先人们的灵气，开开思路，也许能写出一个更好玩的新剧来呢。

再补一句：常州的美食是沪宁线上最一流的，丰富多样，游人一定会得到精神物质双丰收。

【作者简介】

袁梅，作家，编剧，制片人兼影视投资人。

◎常州阅读行走图

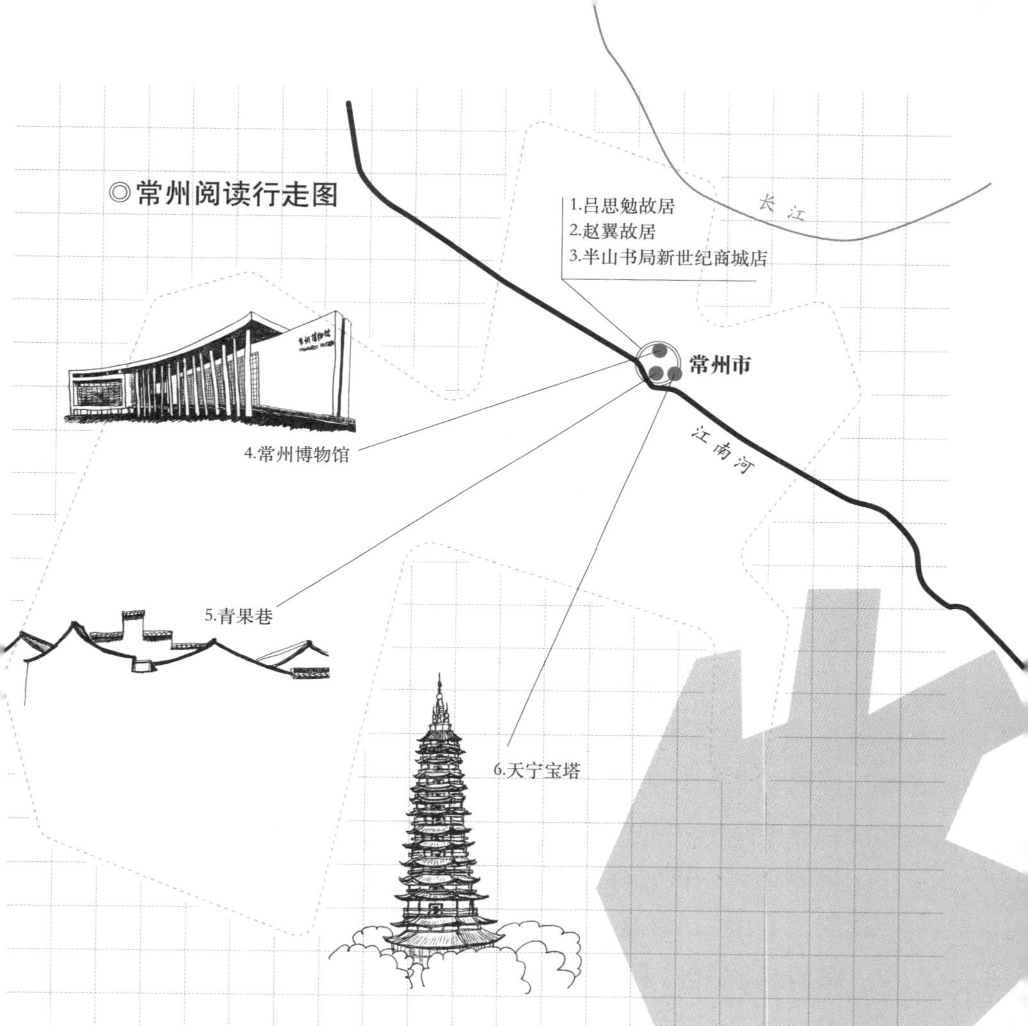

1.吕思勉故居

江苏省常州市天宁区十子街8～10号

4.常州博物馆

江苏省常州市新北区
龙城大道1288号

2.赵翼故居

江苏省常州市前北岸8号（延陵西路）

5.青果巷

江苏省常州市钟楼区
南大街街道青果巷

3.半山书局新世纪商城店

江苏省常州市北大街2-8号
新世纪商城B座14-16层

6.天宁宝塔

江苏省常州市天宁区
罗汉路1号天宁寺内

钦使第：江南第一豪宅

阿福

我对无锡这座古城的印象永远是模糊的。并非因陌生而淡忘，而是有三种截然不同的印象，彼此在同一个脑子里交叠错置，怎么也看不清楚。在这里我前后待了四十五年，城里的哪个死角落都走到过，可记性最好的一段时间，十一岁到二十七岁，偏偏去了外地，这就有了断层。于是，孩提时候的残存记忆，跟眼下时尚的又似乎千篇一律的现代建筑多有不合。及至阅览地方文献，里面的文字和图片又是另一种样子。仿佛各有各的色调、线条和构图，或交相辉映，或彼此抵牾，回想时一脸茫然。

薛福成

讲古城的古，当然有据可查。它建于秦汉之际，距今两千二百余年；而且地名、城址以及它奇特的龟背城池形状，至今未变。这个龟背图案，从最新的旅游图上也看得出来。只要圈起环状的解放路，就是秦汉时候的样子。

解放路是拆了城墙筑就的。1950年拆城筑路时我还没出生，可我从老照片上看到了古城墙的样子，也知道它不但有四个走人的城门，而且有三个走船的水关。（京杭）大运河在无锡最早是穿城而过，从北水关到南水关的那条河，无锡人称直河，《绝越书》称它为“吴古故水道”。第三个水关叫西水关，由束带河将护城河与直河相连。

旧时的西水关，随城墙的拆除已不复存在，连地名也没留下来。我出生时的1958年，城圈里的束带河也填河筑路，成了车道宽阔的学前街。如今这条街的一个出名去处，2003年重修后开放的薛福成故居，无锡人称薛家花园，门上挂了光绪皇帝手书的“钦使第”蓝底金字御匾，就在以前有橹声欸乃的西水关跟前。

学前街的宽阔，是将原先的河与街合二为一，同时也抹去了历史痕迹，成了一条不起眼的现代马路。它的街名来历，是街北有一座孔庙，无锡人称学宫。南宋时在街口建了一座纪念蒋重珍的状元牌坊，它被毁于20世纪60年代中叶，如今只有一张老照片保存在文献里。我应该见到过这座牌坊的样子，但怎么也想不出来。以前河边还竖了七十二根人形石柱，以示孔子有七十二贤，亦暗示本地钟灵毓秀。

薛福成生于1838年。跟本地的应举前辈比，他不是那种会考试的学霸，二十一岁勉强得了秀才，三十岁考举人失利，只混了个安慰性质的副贡生，但他一生的功业和著述，却使他留名青史，连光绪皇帝也有“薛某办事甚好”的赞语，其名声是盖过本地有史以来的几个状元及几百个进士的；在人才济济的无锡，也是数一数二的聪明人。

以前我对薛福成知之甚少，只晓得他当过曾国藩和李鸿章的幕僚，是那种又会写公文又会出主意的人。相传曾国藩一次给咸丰皇帝写奏章时讲他“屡战屡败”不无沮丧，于是有幕僚替他改为“屡败屡战”不无勇气，而无锡人说，这个点石成金的幕僚，就是“曾门四子”之一的薛福成。

我在宁波闲逛时看到一块石碑，知道薛福成得过“布政使衔分巡浙江宁绍台兵备道”官衔并监督海关。当年法国舰队击溃福建水师，一路追击南洋水师，气势汹汹来镇海，薛福成组织守军阻击敌舰，打赢了中国近代史上唯一的一次近海保卫战。

薛家花园

阅览地方文献时，我知道的无锡是青砖黛瓦，前街后河，房屋鳞次栉比且错落有致，跟苏州一模一样。运河由北而南，贯通整个城区，而与运河连通的溪流河汊呈直弦形、断箭形、束带形、半圆形、方框形等等，蔚然大观。在一个周长仅十一华里的小小城圈内，就有二十余条小河如此复杂多样，而且河道上的古桥曾多达六十三座，每座桥都有值得称道的年代、结构或传说，而且顺着各河道而四通八达的街巷里弄，更是或长或短，狭窄曲折，组成一座精致而古老的迷宫。

可我小时候看到的无锡，是城圈里面的河道都给填了，不再有小桥流水景色，但青砖黛瓦还随处可见，老房子仍鳞次栉比。跟徽州民居比，无锡的马头墙精巧典雅，粗看过于纤瘦，细看则越发耐看。而且迷宫一样的曲折弄堂还在，往往一个不起眼的小门，里面就有暗廊连着一个一个小天井，就像葡萄藤挂着一串串葡萄一样。这些老房子都是以前有钱人家的深宅大院，后来就归了国家，住进去七十二家房客，或改造，或破败，多数不成样子。

不是孤陋寡闻，就是漫不经心，老实说我很晚才知道无锡有个薛家花园。那儿的旧房子也进去过几回，破破烂烂的，没啥好印象。到了名人故居被修缮，有秦邦宪的，有钱钟书的，有薛福成的，我才知道无锡的老房子原先是什么样子。如今重修的薛福成故居委实有豪门气派，旅游界给它的标签是“江南第一豪宅”。若回想自己见过的那些外地的老房子，对比徽州、苏州，似乎名副其实。

1890年光绪皇帝委任薛福成为钦差大臣，出使欧洲四国，赏二品顶戴。出国前，他自己画了草图，命长子据图建造，后被光绪称为“钦使第”。薛福成出国四年，这房子也造了四年，花了七万两千块大洋。他的长子名翼运，字南溟，以字行，时称薛南溟。庄子形容化鱼为鸟的鲲鹏时有这样两句，一是“其翼若垂天之云”，二是“海运则将徙于南冥”，这就是薛福成给儿子取名的来历，也是他建造钦使第的设计意念。薛福成是饱学之士，无所不通，他不但设计了自己的房子，还撰写过一部造房子的专著《阳宅举要》。俯视薛家花园，便可看出它的凸字形如鲲鹏展翅，大气磅礴。

当年薛福成是正三品官员，按规制，他住的厅堂其面阔不得超过五间，可他硬是把第二进用于歇轿的西轺堂，建到面阔九间，这就冒犯了皇帝的“九五之尊”，而且把第五进和第六进的转盘楼，扩展到十一间，这就有了垂天之云的深远意境，也有了中华第一转盘楼的标签。

西轺堂的两对柱子上各有一副对联，其一“句里江山随指顾，堂前水木湛清华”，为曾国藩所赠，讲他喜欢薛福成指点江山的文字和水木清华般的人品；其二是“情话悦亲朋莫谈邑中狱讼钱粮事，交友择贤俊愿识天下学问经济人”，为薛福成自撰，讲他有心辞官回家，晚年过两天清闲日子。

可薛福成是个劳碌命，终于积劳成疾，在回国途中得了重病，死在上海。家人正要在新房子里为他祝六十大寿，结果成了一桩恨事。也就是讲，薛福成自己没看到自己设计的薛家花园。可能这也是他死不瞑目的一件事。

指点江山

无锡人的精明诡异，是自古就出了名的，所以江南有“江阴强盗无锡贼”的刻薄说法；这里的“贼”字，有狡猾机敏之意。这句俗语的来历，是讲从前有个无锡人，去了一趟江北回来，路过江阴时，见桃子便宜，就买了两担挑回来卖。谁知无锡的桃子更便宜，结果降了价也卖不出去，于是乡邻笑他道：“江阴强桃无锡折。”（强：吴方言，称货物便宜，强桃，即价格便宜的桃子；折：亏损）而此话却被外地人讹传为“江阴强盗无锡贼”。这原本是笑话一个无锡人的折本生意，结果变成了直言全体无锡人精明促狭。相对而言，江阴人要强悍些，做事情做了再说，无锡人则精于算计，不吃眼前亏，又要达到目的，做事情颇费思量。

薛福成的精于算计，于晚清时候在全国也是出名的。朝廷已经委任当了中国海关总税务司的英国人赫德当中国的总海防司，这叫筹边防战的李鸿章左右为难。时任李鸿章幕僚的薛福成出主意，让赫德立刻卸掉总税务司的职位，到海边训练海军去。在赫德眼里，李鸿章是无能之辈。在薛福成眼里，赫德阴鸷专横。也是旁观者清，而且眼睛凶，识人无数。果然如薛福成所料，赫德怕丢了税务肥缺，没去上任，“中国兵权饷权皆入赫德一人之手”未成事实。

运河水系在无锡的古老复杂，且由水系而街巷的曲折回环，使本地人感觉敏锐，思维复杂，而且多变诡谲，屡有大手笔。阖闾时代的孙武，就在此地撰写了他的著名兵书《孙子兵法》。也在此地，吴王阖闾给了孙武实践并检验其军事思想的战争舞台。我感觉的是，这个水系复杂的地方，以及当年吴、越、楚三国的复杂形势，激发了孙武的缜密思维，而孙武的传世兵书，又深刻影响了本地人的思想和性格。在镇海保卫战中，薛福成先设置了定居点圈住法国教士以防内应，后架设电报线畅通战地讯息，又高价收买外籍领水员，又利用外交文件间离英法关系，百密而无一疏，是将孙子兵法用于极致。

薛家花园的大气，是薛福成有鲲鹏展翅、指点江山的豪情，这是他张扬的一面，而面阔九间的西轺厅，对两列柱子和石础做了“对剖”处理，若有人来查这座被皇帝钦定的房子，就在对剖处插两排墙板，便可将这个大厅分隔成三个三间，消弭因违规而起的灭门之灾，这是他谨慎的一面。

薛福成的心细如发，在薛家花园的戏台可以更多看到。

这里的水榭、花厅、看戏观鱼、隔水听音、品茗谈笑，无不透露江南士大夫生活的精细与奢华。旧时无锡人唱昆曲曾一度盖过苏州，江南有“船过梁溪莫唱曲”之说；梁溪是无锡的一条外河，也是这个古城的别称，河与城皆因举案齐眉故事中的梁鸿夫妻曾流落于此地而得名。

薛福成最拿手的是谋篇布局。早年他以“门下晚学生”的身份跟随曾国藩的时候，就是曾国藩强劲的围棋对手。现行中学语文课本中，有薛福成的一篇文章《观巴黎油画记》，全文错落参差，文采飞扬，而且立意深刻。而他的政论文则洋洋洒洒，如《上李伯相论赫德不宜总司海防书》，既曲尽事理，又严谨有力，不愧为大手笔。

相较于他对个人前途，甚而国家前途的谋划，他布置的花园戏台应是小菜一碟。他二十八岁那年，一夜间写了上万字的《上曾相侯书》，冒雨上船求见张榜招贤的曾国藩。他三十八岁那年，看到慈安、慈禧皇太后“博采谠言”的懿旨，又写了上万字的《应诏陈言疏》，即《治平六策》和《海防密议》，“六第”的具体内容是，一肃吏治，二恤民隐，三筹漕运，四练军实，五裕财用，六养贤才，托山东巡抚丁宝桢呈送朝廷。时人评论道：“当此疏初上时，京师颇多传诵者。议论一播，鼓动中外，建言者往往响应而起。”他五十三岁那年，出使英国、法国、意大利、比利时四国，考察欧洲工业发展，研究欧洲政治、军事、教育、法律、财经等制度，提出“求新法以致富强、选贤能以任庶事、造机器以便制造”等二十一条新主张，并办成了诸如“开设南洋领事馆”“勘定中缅边界”“革除海禁旧例”等外交事务，拼死拼活为日薄西山的朝廷争得些许国家利益和皇家面子，也为海外华人争得些许权利。

相较于晚明无锡的东林党人，薛福成不但能说会写，而且做得了大事实事。更叫人惊讶的是，他于晚清官场纵横捭阖而游刃有余，既办妥了国家的大事，又保留了自己的清白名声。他的审时度势，能屈能伸，或直言相斥，或曲意周旋，这异于常人的胆识和智慧，是专事议论的东林党人所望尘莫及。而追根溯源，薛福成终身致力于经世实学，不做诗赋，不习小楷，对八股尤为轻视，是受了东林党人以国家危亡为重的思想影响，明白“学问通不得百姓日用，便不是学问”这个道理。

今人论钦使第的主人薛福成，往往称他为散文家或外交家，而学者则称他为思想家。在史学学者眼里，薛福成是清末维新变法的思想先驱，中国民族工商业的启蒙者，为近代著名思想家梁启超推崇备至。薛福成既是中国洋务运动的领导者，也是中国民族工商业的发起人。追根溯源，日后无锡成为中国民族工业重要发祥地，跟他不无关系。而他的儿子薛南溟、孙子薛寿萱，在南门外的大运河边所办的永泰丝厂，今日是中国丝业博物馆。其当年的厂区及集团性经营规模，是另一种宏大场面。这座位于清名桥左近的博物馆，是无锡的另一个运河旅游景点。

【作者简介】

阿福，作家。

◎无锡阅读行走图

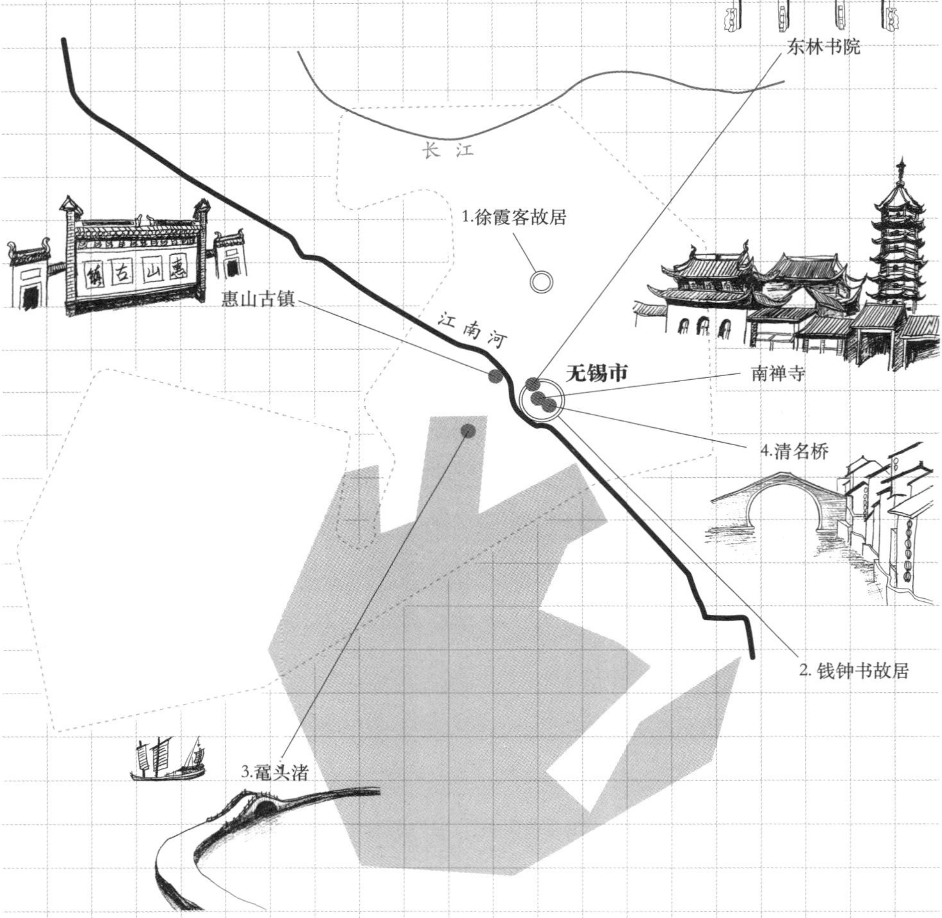

1.徐霞客故居

江苏省无锡市江阴市徐霞客镇（马镇）霞客村南旸岐村21号

3. 鼋头渚

江苏省无锡市梁溪区学前街152号

2.钱钟书故居

江苏省无锡市梁溪区新街巷30号

4. 清名桥

江苏省无锡市梁溪区新街巷30号

乘月过苏州

王喆

运河横贯南北，滋养了沿线无数的城市、村镇。每当我们提到运河边的城市，首先想起的往往是一南一北两个端点城市——杭州和北京。明清大运河也因此得名“京杭大运河”。但除了杭州和北京之外，大运河沿线还有许多伟大的城市、市镇，他们因运河而兴，枕运河而眠，不仅发展了繁盛的商业贸易，也成就了源远流长的运河文化和传统。

苏州就是这些城市中最伟大者之一。我们听惯了“上有天堂，下有苏杭”的褒奖，但在运河沿线，却往往忽视了与杭州同样伟大的城市——苏州。

苏州西枕太湖，北临长江，自隋唐时期起，一直是大运河的重要节点。她北接无锡、常州，通过镇江抵达长江南岸，南接嘉兴、湖州，由多条水网运道到达杭州，是江南运河当之无愧的中心节点。

苏州的水道最早开挖于春秋时期，是江南运河的雏形。大运河通过山塘河、上塘河、胥江联通苏州护城河和内城水系，将各处苏州园林、虎丘等盘绕在河网水系之中。

上塘河、枫桥与张继

自隋炀帝贯通大运河后，江南运河自无锡南下，经枫桥后向东经上塘河进入苏州，通过苏州护城河后再南下嘉兴、湖州。除河道之外，这里还有通往阊门的官道，枕漕河俯官道的地理位置，使枫桥成为苏州西部重要的水陆要塞。

隋唐时期，枫桥是苏州府的门户。在安史之乱时期，南下避乱的张继，由于到达时间太晚，无法进入苏州城，所以只能睡在枫桥江边的小船上。江南水乡秋夜幽美的景色，在盛世转衰的愁绪下，铸成了千古绝句——《枫桥夜泊》，把枫桥、寒山寺、上塘河、苏州一一凝固在笔尖。

自此往后，虽然人们心中的枫桥永远是诗中那个秋夜阑珊的幻影，但她随着时代的变化，时而兴盛，时而衰落。

两宋时代的江南是全国最大的粮仓。苏州的稻米源源不断地供给京城。每年在枫桥河道上航行的漕船一度达到两万艘之众。倚靠独特地理位置，枫桥不仅成为苏州城西北人流进出的重要码头，还逐步形成了规模巨大的集市。

经过元代的衰落，到明清时期，枫桥再次繁盛起来。清代初年，枫桥集市以上塘河为轴线，东至阊门，西达西津桥，商店作坊云集，繁盛热闹。乾隆、道光、同治年间曾多次把枫桥列为市。由于明清时期，江南地区大部分耕地用于经济作物的种植，所需粮食则由湖广、江西输入，在长三角经济区形成了以苏州枫桥集市为中心的米市。至明成化年间，枫桥与河南朱仙、广东佛山、湖北汉口并列号称四大镇，枫桥又因为米市的繁荣远远地超过后三地。

太平天国运动时，江南米市逐渐转移至无锡，伴随交通运输方式的转变，漕运地位的衰退也进一步加剧了枫桥的衰败。所谓成也运河、衰也运河。

当然，只要提到枫桥，自然不能少了寒山寺。寒山寺先于枫桥集市形成，为南朝梁天监年间创建，香火历来较旺。由于临近重要的枫桥码头，四面八方远道而来的贤士大夫、达官贵人上岸拜访，进香拜佛。但在清末时期，随着枫桥集市的衰败，寒山寺也逐渐走向衰败。直到新中国成立前，寒山寺一直香烟稀少，门庭冷落。在日占时期，寒山寺殿堂房舍甚至一度沦为日军仓库马厩。

改革开放之后，寒山寺逐步开始修复。现在已经成为苏州知名的佛寺、景点，并被列为江苏省省级文物保护单位，受到较高级别的保护。

说到了枫桥和寒山寺，必须要说一下他们所在的上塘河。上塘河西接至无锡的运河，东至苏州城主要的城门之一——阊门，是进入苏州的西北门户，也是苏州最为古老的运河之一。上塘河在隋唐大运河最初贯通的时期，是从东侧进入苏州唯一的主要水运河道。虽然在唐代中期，白居易在上塘河北侧又开凿了一条进入苏州城的运河——山塘河，但上塘河直到太平天国运动爆发之前，都是苏州西北侧的主要运河水道，承载了无数的繁荣兴衰，见证了枫桥和寒山寺的历代变迁。

山塘河、虎丘与白居易

山塘河是继上塘河之后，从西北进入苏州的又一条水路干道。公元825年，苏州刺史白居易在虎丘至阊门运河间凿渠以通南北，此即山塘河河长约七里，故有“七里山塘到虎丘”之说。白居易还沿河筑堤为路，人称白公堤，即为现在的山塘街。自此，山塘河成为大运河从西北方向进入苏州古城的主干河道之一。

山塘河西北连大运河，通往无锡，东南至阊门，连接苏州护城河和苏州城内水系，是大运河水网的重要组成部分，也是古代大运河苏州段的主干航道之一。

与河伴行的山塘街则是著名的历史文化名街——山塘街。

山塘河开凿以后，游人和商人逐渐汇聚于山塘街。白居易《武丘寺路》诗描述的就是山塘街的繁盛：

自开山寺路，水陆往来频。
银勒牵骄马，花船载丽人。
菱荷生欲遍，桃李种仍新。
好住湖堤上，长留一道春。

山塘街的第一次大发展是在宋代，因商业、文化日渐繁荣，10至13世纪山塘街沿线修建了许多桥梁和寺院，如渡僧桥、桐桥、西山庙、小普陀等均建于这一时期。山塘街人口日益增多，增建了许多民居、店铺、茶苑、酒肆。范成大《半塘》诗：

柳暗阊门逗晓开，半塘塘下越溪回。
炊烟拥柁船船过，芳草缘堤步步来。

即描绘了这一繁华景象。明清两代是山塘街历史上最为昌盛的时期。此时山塘街商业高度繁荣，逐渐成为苏州经济文化中心，大量店铺、会馆、庙宇聚集。山塘街两侧现存的玉涵堂、敕建报恩禅寺、五人墓、普济桥、通贵桥等均建于这个时期。清乾隆年间，苏州籍宫廷画家徐扬创作的《盛世滋生图》(又称《姑苏繁华图》)上绘一村、一镇、一城、一街，以表现苏州的繁华。这“一街”就是山塘街。

说到山塘河，就一定要说虎丘。虎丘的名气比山塘河大得多，但很少有人知道虎丘坐落在大运河边，并由于白居易修建的山塘河街而进一步兴盛发展。上文白居易《武丘寺路》中提到的“武丘”即为虎丘。

虎丘的历史比山塘河早得多。相传吴王阖闾在对越国的战争中负伤死去，其子夫差把他葬在因形似蹲虎而得名的虎丘。魏晋南北朝时期，虎丘逐渐成为佛教名山和游览胜地。到了唐代，为避唐高祖李渊祖父李虎名讳，虎丘一度改名武丘，寺名亦改为武丘报恩寺。当时虎丘离城虽近，但无大路和河流可通，交通极为不便。直到白居易修建了自阊门直达虎丘的山塘河街，虎丘交通状况大大改善，不仅佛教名刹的地位逐步提升，还成为大运河航运的重要航标。无数北下苏州的船只，遥望见了虎丘，便知道到达了苏州。

自唐往后，虎丘一直是江南地区重要的佛教寺院，在无数的文人骚客笔下反复吟咏。在唐宋两代，就有白居易、刘禹锡、李商隐、范仲淹、王安石、苏轼、范成大、曾几等诗人在这里留诗。杨万里就有诗作：

许市人家远树前，虎丘山色夕阳边。
石桥分水入别港，茅屋垂杨仍钓船。

到了明清时期，虎丘更是愈加繁盛，清康熙帝、乾隆帝也曾多次游历虎丘，并留下数首诗歌。

当然，无论是山塘河还是虎丘，都与白居易有密不可分的关系。

很多人都知道唐代著名诗人白居易曾在苏州做官，因为他写了很多赞美、记录苏州的诗歌，但知道他开凿了大运河在苏州重要河段——山塘河的就不多了。其实白居易之于苏州，就好比苏轼之于杭州。杭州西湖有苏堤，苏州运河也有白公堤。白居易开凿和修建的山塘河街，不仅深刻地影响了直至清末之前苏州的河道水运体系，为苏州增加了向西的水运交通便利，也对苏州西北山塘街、虎丘一带的经济和社会发展有着深远的作用。

为了纪念白居易修筑七里山塘的功绩，清嘉庆年间山塘街上就修建有唐少傅白公祠，后毁于太平天国运动中。2006年又重建于山塘河渡僧桥附近，成为游客走进山塘的第一个景点，便于游客了解白居易与山塘乃至苏州的渊源，纪念他对苏州做出的历史贡献。

胥江、盘门与《浮生六记》

胥江是大运河西北进入苏州的第三条水路要道。

太平天国时期，阊门地区遭毁，从西北经阊门进入苏州的上塘河、山塘河的航运功能都受到较大的影响。因此，一部分运河船只经枫桥寒山寺南下横塘，再经胥江进入胥门。

自此，山塘河、上塘河和胥江构成了大运河水进入苏州护城河和城内水网的三大航道。

苏州著名的水陆双城门——盘门就位于胥门以南，镇守苏州城东南角，是连接大运河与苏州古城的一个重要节点。它地处水陆要冲，大运河环抱城垣，自北而南绕城而过，然后折向东去。从盘门登舟，可溯运河北上，抵达京城；或至胥江口折而往西，可进入太湖；往南则可经江浙咽喉吴江松陵、平望等镇，直下杭州。自古以来，盘门与瑞光寺塔、吴门桥构成著名的“盘门三景”，为运河沿线独特的文化景观。

宋代诗人范成大所著游记《吴船录》，记录了他从成都历时五个月到苏州的经历，最后便以“入盘门”为收尾。“入盘门”，作者便回到了故乡，回到了江南，标志着一次漫长驿旅的结束。

胥江、盘门所在的苏州古城东南部，自古便是文人雅客聚居之地，沧浪亭、隐园、南园等不少园林便坐落于此。

清代沈复也居住在这里。从沧浪亭至后来的仓米巷、大石头巷，以及苏州城内的各处园林、商铺，都见证了《浮生六记》中的林林总总。至于沈复和芸娘的故居，据说1940年由沈延令售与沪商吴南浦，从此被称为吴宅，现在是江苏省文物保护单位，全称为“大石头巷吴宅”。

格局独特、底蕴深厚的平江路

在苏州城内闲逛，走不了多远就会过一座桥，跨一条河，因为苏州城内基本完好的保存了一河一街、河街并行的“双棋盘”格局。这种“人家尽枕河”的水城景观格局保障了每家每户前有街道，后临河道，既可以提供生活用水，又方便泄洪、排污，利于消防，同时还能为居民日常所需生活资料的运输提供便利。

作为“双棋盘”格局的典型代表，苏州城内的平江河周边一排排枕河民居、一座座粉墙黛瓦的苏式住宅鳞次栉比，组成纵横交错的幽静街巷。除了普通民居外，在小巷深处还隐藏着一批精美的深宅大院。自清初至民国，许多文人雅士、达官贵人曾生活在平江河岸及周边，至今保存着众多名胜大宅。其中不仅有耦园、惠荫园等文人园林，也有潘世恩宅、顾颉刚故居等名人故居。

这些建筑有的规模宏大、装修精致，整体布局严谨，主次分明；有的清新雅致，简洁朴实。宁静而淡定，儒雅而悠闲，漫步在平江路，能强烈地感受到这座文化古城的气息和魅力。

【作者简介】

王喆，中国文化遗产研究院工程师。

◎苏州阅读行走图

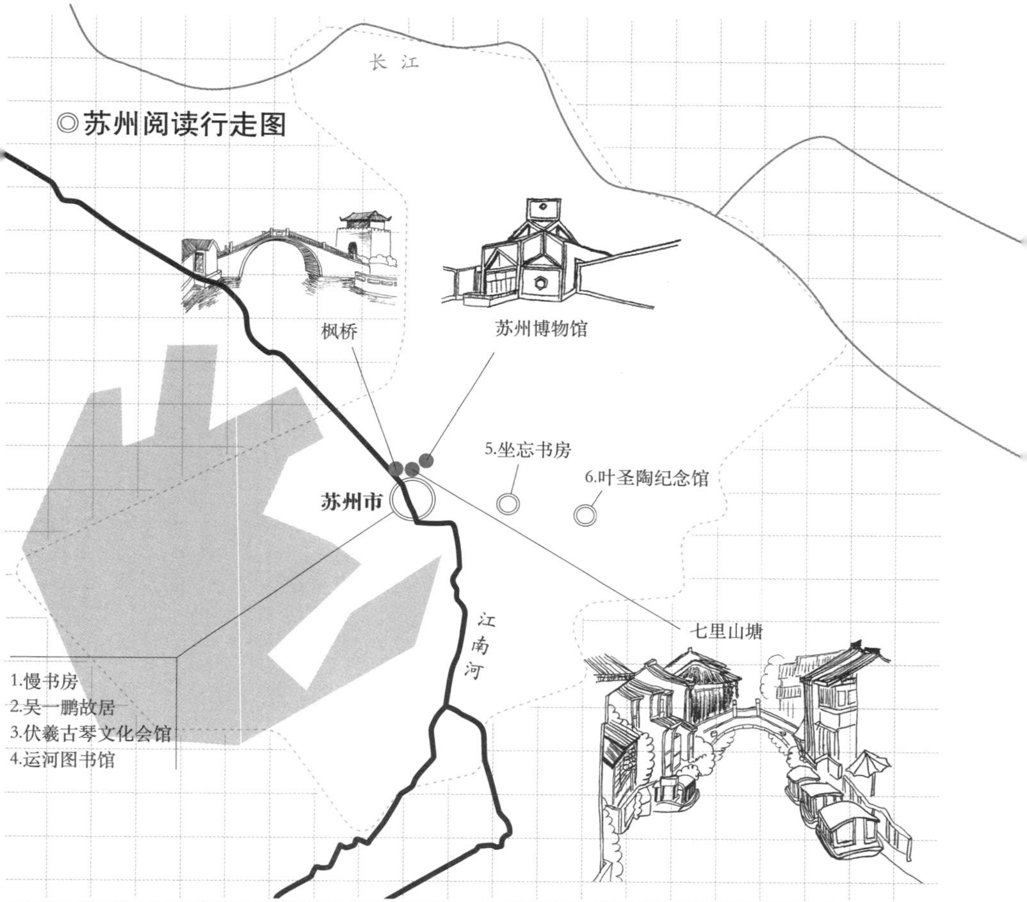

1.慢书房

江苏省苏州市碧凤坊
蔡汇河头巷4号

4. 运河图书馆

江苏省苏州市吴中区
太湖西路199号颐和湾花园

2.吴一鹏故居

江苏省苏州市姑苏区
通贵桥下塘57号

5.坐忘书房

江苏省苏州市松涛街1088号
斜塘老街五期54号

3. 伏羲古琴文化会馆

江苏省苏州市平江路97号

6.叶圣陶纪念馆

江苏省苏州市吴中区
角直风景区保圣寺内

漫步运河寻旧影

程玉芳

记忆把我拉回到十八年前。那个时候我刚刚大学毕业，工作之余，闲来无事，便穿梭于大街小巷，去寻访嘉兴的旧踪。

嘉兴古称檇李，又称秀水，是先秦吴越交界之地，又有大运河横贯其间，水陆交通网布，自古为繁华富庶之地，崇文重教、稻米莲歌、耕桑读书、科名相继、吟咏成风，使得嘉兴成为人文荟萃之地，这里既有古老吴越文化的历史传承，又有江南水乡文化的浸润，更有近代西方文化包括基督教文化的传入。文化古迹，名人故居，如星海，似珍珠，散落这个运河畔的小城。因为爱水，来到江南水乡之后，我如鱼得水，甚是欢喜。

我的第一个目标便是落帆亭，因为这里是京杭大运河江苏段（苏州塘）进入嘉兴城的第一道关口，地志述：落帆亭在市城北隅，杉青闸西侧，是杉青闸旁的一处园林，始建年不详，记载有年的是北宋神宗时（1068年）重建，多次兴废，最后一次是1988年重建。园林内有玲珑的假山，苍翠的树木，优雅的亭轩，景色极佳。有诗赞曰“浓绿暗宫柳，肥红绽野梅”，为江南名园。杉青闸是嘉兴古代大运河上著名的水闸，亦称“衫青第一闸”，南来的船只到此，需落下船帆，过杉青闸进入绕城运河；北往的船只，出了闸可以上帆，乘风而行，所以在这里建有“落帆亭”，供官吏和过闸客商游憩。今闸已废。

正是被优美的文字诱惑，我寻迹而来。从我所在的嘉兴市图书馆出门沿少年路北行，三百米不到就是环城北路，环城路外便是环城河道（古护城河，京杭大运河的一部分），环城河道外围是月河古街，沿环城北路东向不远便见到一座非常醒目的廊桥，长廊古亭，红柱青瓦，这就是老嘉兴城的北大门——北丽桥（始建于宋熙宁七年（1074年），历代重建），这也是我见到的嘉兴运河上的第一座桥。过北丽桥，沿建国路再走不远，见东升路右转一百米又见一座醒目的大桥横跨运河之上，此即秋泾桥，也是运河上非常古老的一座桥（始建年代不详，明崇祯十四年（1641年）重建，历代重建），桥的这边但见几座有些陈旧的亭台楼阁从绿树丛里若隐若现，走到近前，原来就是我要找的落帆亭。

只是眼前的落帆亭颇让人失望，但见园中假山、亭轩、画廊、荷花池色色齐全，却是荷池干涸，亭台画阁闲置，“蛛丝儿结满了雕梁”，破败不堪，几无人迹，甚为荒凉。1988年重修，不过十多年光景，却已是破败如此。然登上假山之顶，立足落帆亭，望向运河，我却依然可以想象出繁盛时期运河上“柳枝沙岸夕阳边，依归帆樯卷暮烟”“夜半呕哑柔橹发，亭前灯火落帆齐”的美景。

与落帆亭相对的运河对岸有一个百年古迹，文生修道院（光明街153号），地方资料记载：文生修道院，是一座西洋建筑，西临京杭大运河，占地面积47.5亩，院内高耸挺立的香樟树一百多株，树龄皆已一百二十余年。光绪二十八年（1902年），由法籍神父步师加所建，为当时中国遣使会的唯一总修院，专门培训神父，派往各地教堂。整个修道院有教堂和欧式环楼，建筑考究，庭院广阔，树木荫茂。看文字描述甚是令人神往，带着几分失望离开落帆亭，过秋泾桥（运河上又一座古桥），向着我期待的文生修道院而去。过了秋泾桥沿运河边的光明街北行，并不见有什么古迹，只是沿街商铺而已，寻问路人，方见得不远处有个文生修道院的牌子指向里面。进了大门，一条宽约五米的笔直甬道，通向树荫深处的一个西洋建筑。道路两旁全是上百年需两人方可合抱、高耸挺立的香樟树。走在这样的绿荫道上，心一下子就静了下来，仿佛走进了世外桃源一般。走到甬道尽头，文生修道院的全貌展现在眼前，让人眼睛一亮，黄色的墙面在绿荫中显得甚是醒目，特别是正面主体建筑两层拱门券窗的钟楼，使整个建筑充满西洋之风貌。从外观看整个建筑保存完好，然当我走进里面是另外一种感觉，原来偌大一个建筑，早已人去楼空，门窗多数已经破败，从破败的门窗望向屋里，竟然看到了黑板和满墙花花绿绿的板报，后来了解，这里因附近的光明小学重建而借用过。走到一个虚掩的门处，我进了房间，有一个通往二楼的木楼梯。我试着想要通过楼梯上二楼看一眼，但刚走上去楼梯就吱吱呀呀地响，让我感觉它已经老朽不堪重负，抬头看楼梯上布满了蜘蛛网，看来也是很久没有人上去过了。

环绕修道院的除了养老院，还有很多收破烂的人居住的一些临时搭建的破烂小屋，周边堆满了垃圾，与那文生修道院的秀美，与那参天的香樟古木甚是不和谐。真是可惜了这样一个所在。

运河以此处为界向北称为苏州塘，向江苏苏州方向流去，向南进入嘉兴城。沿着大运河边的光明街南向而行，在光明街的尽头大运河转了一个弯，路亦一分为二，一个叫闸前街，另外一个叫秀洲路，在这两条路的弯里有一个古街，牌楼上写着双魁巷。这双魁巷全长只有50米，宽2.5米，石板路面，窄窄的青石板街面，两侧长长的台阶，清一色木制门窗，虽历经百年风雨沧桑，依旧显现出江南古镇曲水深巷的居住环境和民风淳朴、文化醇厚的人文风情。我本以为双魁巷应该是一家出了两状元才因此而命名的，但地志所载竟然是民国17年（1928年）一个富贾要建青楼所用，后成为民居。传说不美丽，然建筑却真是好建筑，地方真是好地方，依水而建紧靠着古运河，典型的明清江南水乡“一街一河”“枕河人家”“曲水深巷”的风情特色。只是房屋有些老旧，所居皆为老人，让人有些担忧居者的安危。

出双魁巷不远便是另外一座横跨环城河的端平桥。端平桥始建年亦不详，重修的端平桥也只是一个平常的水泥桥，并不引人瞩目。运河水在此不远处分流，一端经北丽桥西流，一端在此东流，两股河水将嘉兴城环抱于怀，在环城西路的西丽桥处汇合后西向出城奔杭州而去。此是后话。

沿秀州路继续向前，不远，跨过秀州桥折向东行进入环城东路，转几个弯走进隐藏于闹市中心府前街上的一个古建筑，这个就是嘉兴的根——子城。子城的存在比运河还要早，据地志记载，其始建于三国吴黄龙三年（231年），为嘉兴最早城垣。现存子城谯楼系光绪三十四年（1908年）重修，砖木结构，三楹楼房，垂檐飞翘，建于子城城墙上，是全市唯一的古城楼。子城为历代衙署所在地。太平天国时成为听王府。蒋经国亦曾在此组建青年军。至今城门墙洞东侧尚有日伪“绥靖司令部营房”碑一块。惜大门紧闭不能入内，院内荒草萋萋。但我后来从它的另一面，中山路的荣军医院进去（里面当时是荣军医院的疗养院），看到了里面的景致，环境竟然不比文生修道院差，里面也有很多参天香樟树，还有原绥靖司令部营房，因为是荣军医院疗养院，所以环境非常干净舒适。从疗养院后门进入了子城，登上谯楼二层，放眼南望，但见烟波浩渺，柳绿成荫，这就是嘉兴环城河外的南湖。1921年中国共产党从此出发，带领中国人民开创了一个伟大的新时代。

与子城一条马路（紫阳街）之隔则有另外一个极佳的去处——天主教堂（紫阳街51号）。走在紫阳街上远远的你会被耸入云端两座对称的哥特式钟楼所吸引，它们修长挺拔，楼顶尖犹如两支利箭直插蓝天，在天空划出了一道优美的天际轮廓线，这两个塔尖便是天主教堂的主体钟楼。地志记载天主教堂是意大利籍神父韩日禄于民国六年（1917年）主持修建，他还是意大利著名的建筑设计师。教堂为砖混结构，使用尖券拱顶、爱奥尼柱等西方建筑经典元素，融合了哥特式和罗马式建筑风格，纹饰雕塑精美。当时，教堂所用水泥、钢筋、松木、彩色玻璃和彩色地砖等建材都是从法国进口。

整座教堂占地3.4万平方米，建筑面积1320平方米，堂前两座钟楼高达57米，曾经长期是嘉兴最高建筑，规模号称中国第一、远东第三。整个工程持续了十三年之久。它在建成之后成为天主教在嘉兴的传教中心。“文化大革命”期间，教堂穹顶、门窗、雕塑被毁，仅存断壁残垣。

从紫阳街的天主教堂入口进去可以近观其半貌：两个钟楼塔尖用钢筋加固，时间太久，钢筋呈锈迹斑斑的红褐色，高大的穹顶和拱形券门上杂草丛生，尽显荒凉。一道小铁门把锁，有告示牌提醒：危楼不得进入。虽是断壁残垣，从残存的浮雕等细节依然可以看出这座建筑的精致与当年的豪华。风吹雨淋日晒，岁月侵蚀，整体面貌已破旧不堪的天主教堂就这样以废墟的姿态伫立在市中心的群建之中。苍凉却又魅力无限，勾人魂魄。有一种说不出的味道。正如原《人民日报》记者李辉所言：废墟看似残缺与寂寞，它们却有另外一种穿越千年历史之美。这种美，在于苍凉，在于与历史远景的衔接。在起伏跌宕的废墟面前，总能听到遥远的历史的回声。这种回声，就是废墟的美丽。

天主教堂和文生修道院是西方人在嘉兴建造的仅有的两座宗教建筑，作为西方历史文明在嘉兴的见证，让我们记住了这样一段历史，西方文明以一种野蛮的方式刺穿中国文明的壁垒。在这里，西方文明进入中国人的视野，中国的古老文明也进入了西方人的视野，两种文明碰撞出中西融合的新文化。落后就要挨打，这是血的教训。历史的发展有时就是野蛮和血腥的。

在天主教堂的外面有一座白墙青瓦的精致院落，它竟然就是鼎鼎有名的沈曾植（1850~1922年）故居（姚家埭21号）。如果说沈曾植你不知道，那自沉昆明湖的国学大师王国维你一定知道。沈曾植是王国维的老师，近代著名学者，著述繁富，王国维称他为“学术所寄”“邦家之光”，连康有为对他都极为钦服。其旧居坐北朝南，系四合院式二层三进建筑。土瓦硬山顶，砖木结构，抬梁式五架梁，梁坊上雕有简朴纹饰，内有走马堂楼、厅堂、花园等。故居外形完整。让我惊喜的是，沈曾植故居的后门后院竟然就和天主教堂相连，从他的后院可以近距离看到天主教堂的正面。后院种植了一些蔬菜，也长有杂草，这让我想到鲁迅的百草园，这样一块菜园子在市中心真是不可多得。很多时候这个城市给我的惊喜就是这样来得不经意。

出沈曾植故居沿紫阳街南行二百米进入环城南路，右转继续西行，与禾兴路交界处又见一个白墙青瓦建筑，和沈曾植故居相类，他是嘉兴的另一个沈姓名人——革命民主人士沈钧儒故居所在（环城南路555号），粉墙黛瓦，古朴典雅。为清嘉庆、道光时建筑，共有三进，整个住宅，柱础、梁架、雕刻纹饰均保存完整。

沈钧儒的威名估计没有人不知道，他历经四个朝代，政局变幻，总是站在时代潮流前头，始终是坚定的革命者。“老头，老头！他是中国的大老；他是大众的领头。他为老百姓努力，劳苦功高像老牛。”这是人民对他的最高赞誉。

而在沈钧儒故居的斜对面，则是嘉兴的又一个名人，大翻译家朱生豪故旧之地。2002年我几次寻觅并没有找到，后来了解到，当时其故居所在地正在拆迁重建。朱生豪，这个三十二岁英年早逝的英才，每当想起总是令人唏嘘。在那样一个战火年代，他以病弱之身，一生执着于翻译莎士比亚巨著，几次手稿毁于战火，几次从零开始，这份执着毅力，让人敬仰。

他自言是个古怪孤僻的人，很少与人交往，“一年之中，一整天不说一句话的日子有一百多天，说话不到十句的有两百多天，其余日子说得最多的也不到三十句”。他跟爱妻宋清如说：“要是我死了……不要写在什么碑板上，请写在你的心上，这里安眠着一个古怪的孤独的孩子。”在我的印象中，他的生命中似乎只有两样东西，一个是翻译莎士比亚，一个是给爱妻宋清如写情书，在他翻译莎士比亚的文稿和给爱妻的信中你才能够看到他的生命里除了孤僻，却又是充满生命力的，他追求宋清如的封封情书，显示他是多么可爱、调皮、充满活力。

与朱生豪故居比邻的是水利专家汪胡桢的故居，2002年他的后人还居住在那里。

而在沈钧儒故居的边上五十米处，你会见到一个铁栏杆环围起的清幽所在，地方不大，却亭台楼阁，小桥流水，修竹丛丛，这就是范蠡湖。相传湖畔有范蠡故宅，范蠡助越王勾践灭吴后，偕西施在此隐居，并由此发棹泛五湖，过着神仙眷侣的生活。可以说范蠡是历史上最为聪明智慧之人，他知道飞鸟尽良弓藏，所以在完成政治使命之后，立即携西施隐居于此，远离政治，转而经商，成为一方富贾，被后代商人奉为祖师爷陶朱公。地方志载，旧时范蠡湖水域广阔，今天的南湖曾是它的一部分，可见其湖之阔大浩渺。至清代还有二十亩水域，今则只是一百米长，十五米宽的袖珍小湖。园内多石刻，皆为名家墨迹。全园以水景取胜，景点环湖而筑。入园门向东行，西施妆台临水而居，朱檐雕栏，西施妆台东有九曲小桥凌波湖上，桥上有亭，可坐憩。桥东北土阜隆起，筑槜李亭。登亭，庭院湖光尽收眼底。园中遍植桃、竹、柳、桂、梅等花木，每值春夏，绿树成荫，花木扶疏，清香四溢，怡情悦目。范蠡湖边还备有小船，游客可放棹湖上，得荡漾之趣。

范蠡湖的水通过涵洞流入运河并通南湖。出范蠡湖沿环城西路走不远见三塔路，三塔路是运河边一条古老的塘路，原叫三塔塘，已经有两千多年历史。它见证了嘉兴运河的发展和变迁，见证了嘉兴城市的成长，演绎了千年的历史和文化。走上三塔路不远既有一座石桥，就是前面我们所说的西丽桥，环抱嘉兴的两条运河水在此汇合成一条继续西向杭州而行，此后的运河亦改名杭州塘。西丽桥同样历史悠久，旧志载桥始建于宋熙宁间（1068~1077年），但也是屡建屡坏，最近一次重建是1966年，框架式三交钢筋混凝土拱桥，与原桥相比比较简陋。

过桥一里不到是一座运河边上的寺庙，血印寺，寺前有“血印柱”，柱上有一红褐色图形，俨然一位僧人的侧影，人称“血印和尚”。关于血印和尚则有一个悲壮的传说，清顺治二年（1645年），清兵占领嘉兴时，掳掠妇女数十人囚于血印寺旁的岳王祠内（2002年我路过时，岳王祠不复存在，是一个园林苗圃之处），祠中和尚舍身营救，被清兵乱箭射死，血渗入石，留下痕迹。血印寺便是嘉兴人为纪念血印和尚而建。

过血印寺继续西行，便看到一个牌坊，横额“茶禅夕照”四字据说为清同治年间嘉兴知府许瑶光手迹，正联“龙潭映水三塔巍巍重现古河岸；法华品茗一杯悠悠细参世间情”，背联“固然胜地一道石梁留史迹；岂似旧颜四周桑拓易层楼”。

据说是2000年新建，为纪念苏东坡三过嘉兴煮茶而建，原有茶禅寺、煮茶亭，寺亭皆毁于20世纪70年代，不复重建。据地志记载，原来嘉兴沿河有很多牌坊，而随着岁月侵蚀，尽毁。过茶禅夕照牌坊之后，远远三塔伫立河边，三塔是嘉兴的西大门门户，如果说杉青闸的落帆亭是过去北人南下进入嘉兴城的第一道关口，三塔就是南人北上进入嘉兴城的第一道关口。

在我的想象中，三塔应该是高大巍峨的，但到眼前，原来是很袖珍的三个小塔，有点像模型。据地志《嘉禾志》记载，此处有白龙潭，水深流急，行舟过此多沉溺，人们推测"潭中有白龙兴风作浪，于是运土填潭，建三塔以镇之"。三塔面河背城，旧时舟子遥见三塔，遂谨慎行驶，塔实起航标作用。三塔地处大运河九十度转弯处，所以实际上它不仅是航标作用，还有缓湍急水流之作用。不要小看这三座小塔，历代名人歌之画之，爱甚。后人有关它的诗歌绘画作品甚多。元朝吴镇、明末项圣谟、现代的丰子恺都画过三塔的画，民国时期三塔还上过美国《国家地理杂志》。历史风云中，三塔和其他建筑一样屡建屡废，屡废屡建。现在的三塔也和茶禅夕照的牌坊一样重建于20世纪末。

嘉兴环城运河周边的景致到此也就差不多了。再要走远的话就到了下面的乡镇王店，以及往杭州方向的桐乡海宁去了。

十八年前，刚到嘉兴的我就是这样下班之后，周末之时，骑着一辆自行车，或春或夏，或冬或秋，或晴天丽日，或烟雨疏濛，穿梭在嘉兴的大街小巷，运河沿岸，寻访嘉兴旧迹，有时是根据旧志所载，有时是闲庭信步。嘉兴的这些名胜古迹，名人故居，都不大，若不是细细品味，走马观花，三五分钟就可以走完一个景点。我称它们就像一粒粒珍珠一般散落嘉兴大街小巷，而我就是那个拾贝人。

十八年，嘉兴以腾飞的姿势向前发展，人口从十八年前的三十万人发展到今日的一百二十万，护城河外，原来的乡村田野盖起了高楼大厦，已经发展为今日的城市中心，嘉兴城市规模也已经是十八年前的四五倍。

十八年，嘉兴又新生了一批杰出人才，文人墨客，比如老资格一点的文人画家朱樵、地方作家陆明等。十八年前还是毛头青年的邹汉明、于能等已经成为嘉兴地方文化的研究专家。而简儿、加兵、草白成为文坛新秀，文笔修炼得炉火纯青，年纪经轻就出版了一本又一本让读者爱不释手的佳作。

而曾经荒芜的一些古迹也换了新颜，消失的古迹又重新复建。文生修道院已经开始整修，开辟出一角运河文化展示馆。隔岸的落帆亭更是焕然一新，粉墙黛瓦，绿树成荫，池水清幽，鱼翔浅底，运河画院等文化机构进驻其中，文人墨客往来，游人络绎不绝，甚是热闹。恢复了“浓绿暗宫柳，肥红绽野梅”繁盛之景。南门朱生豪故居已经修葺一新对外开放。环城河边，月河历史文化街区，芦席汇文化街区，梅湾历史文化街区都换了新装，古今文化交融，成为热闹的商业旅游中心。市中心的子城和天主教堂将开辟出以子城为中心的子城遗址公园，已经动工四五年了，初具规模。由运河各渠汇流而成的南湖，作为党的诞生之地，更是今非昔比，焕发出勃勃生机。湖水碧绿，绿道成荫，四季繁花盛开，全国各地游客不远千里，奔赴此地，欣赏它“轻烟拂渚，微风欲来”的迷人美景，瞻仰湖心岛那条神圣的小船，永记共产党的红船精神：开天辟地、敢为人先的首创精神；坚定理想、百折不挠的奋斗精神；立党为公、忠诚为民的奉献精神。令人感受到了信仰的力量。

嘉兴人民更是在红船精神的基础上把“勤善和美，勇猛精进”作为新时达嘉兴人文精神，激励嘉兴人继续为美好的嘉兴明天而努力。

如今嘉兴段大运河已经成为世界文化遗产的一部分。奔涌向前的大运河像一条舞动着的龙，千百年来为嘉兴城带来繁华气运。过去环绕嘉兴的两条运河水将嘉兴城环抱其中，如母亲的子宫保护、滋养着嘉兴城和这里的百姓。今天随着城市的发展这两条运河水穿城而过，则像嘉兴城市的两条大动脉，跃动着，昭示这座城市强大的生命力。

如果说嘉兴的子城是嘉兴的根，南湖是嘉兴的魂，那大运河就是嘉兴的母亲河。

【作者简介】

程玉芳，嘉兴市图书馆馆员。

◎嘉兴阅读行走图

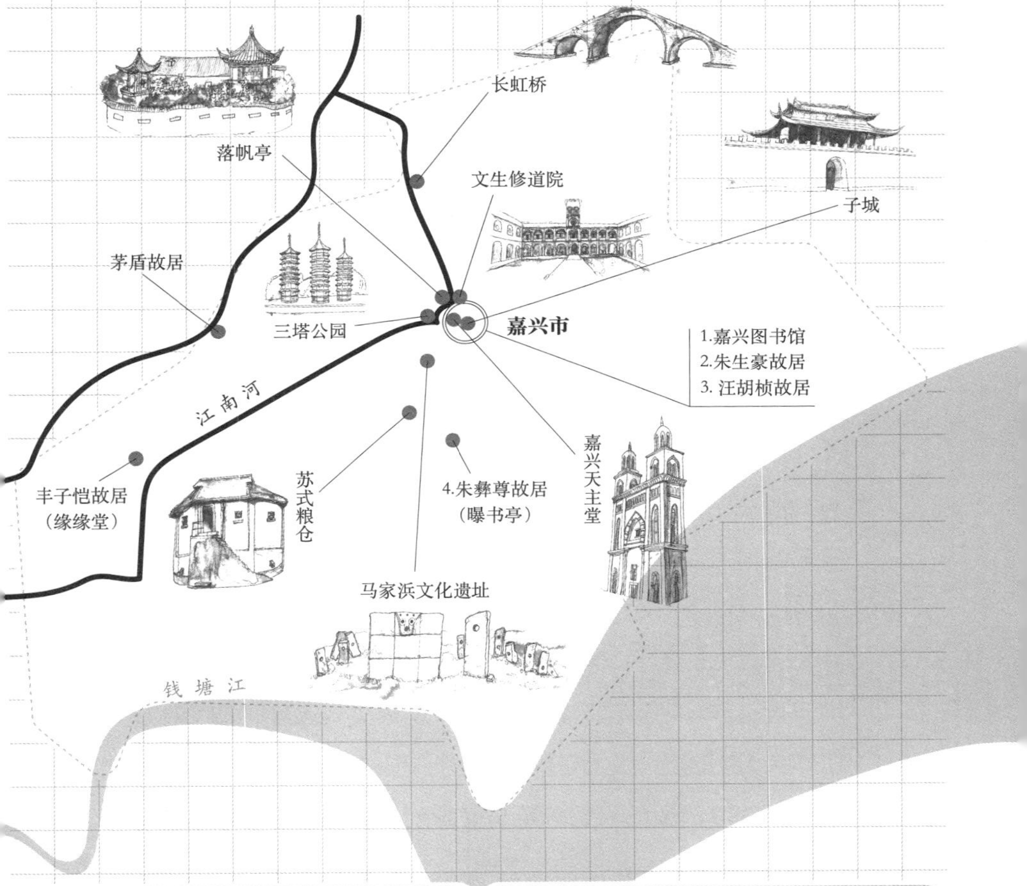

1.嘉兴图书馆

浙江省嘉兴市南湖区
海盐塘路339号

3.汪胡桢故居

浙江省嘉兴市梅湾街帆落浜39号

2.朱生豪故居

浙江省嘉兴市禾兴南路73号
（梅湾街东区，南湖大桥下）

4. 朱彝尊故居（曝书亭）

浙江省嘉兴市秀洲区
王店镇广平路1号

追寻唐宋诗词和现代文学路

张恩杰

走访千年古纤道，参观古越藏书楼；聆听越剧里陆游与唐琬的凄美爱情故事，品尝鲁迅笔下咸亨酒店茴香豆；乘乌篷船畅游东湖山水大盆景，赏“书圣”王羲之书法墨宝……2019年10月26、27日，大运河阅读接力走进绍兴。由书香中国·北京阅读季与《摄影世界》共同策划举办的这场“读运河、讲运河、拍运河”行摄活动，令参与者深度了解和体验了绍兴人所说的“一部运河演变史，半部绍兴发展史”，同时也感受这里浓浓的书香气息与文脉所在，追寻到一条洒满唐宋诗词和现代文学的运河文艺路。

“山阴道上行，如在镜中游”，这是南朝文学家刘义庆在《世说新语·言语》中写下的诗句，东晋书法家王羲之则将这句诗用来形容鉴湖的美景。据了解，大运河绍兴段位于大运河最南端，最早开通于春秋晚期，西晋末年全线贯通。而处在这绍兴段的山阴故水道则是中国最早的运河，从这里开启了中国的运河文明。

中国古运河边上的绍兴，在诗坛上也是一座巍峨的高峰。中国最早的抒情诗、最早的二言诗都诞生在绍兴。到了王羲之所处的年代，绍兴成为中国的文化中心和诗歌的高峰之地。中国玄言诗人代表人物孙绰、李充、王羲之、谢安等都生活在绍兴；中国山水诗的鼻祖谢灵运也在绍兴生活过。

兰亭雅集之后，唐代著名诗人孟浩然等也曾在绍兴组织过诗歌联唱活动。唐代之时，四百余位著名诗人在绍兴留下了一千四百余首佳作。这其中，诗仙李白在其名篇《梦游天姥吟留别》提及的“天姥连天向天横”，便是指天姥山，其主峰现位于绍兴市新昌县境内。而以天姥山为代表的浙东山水，成为唐代诗人向往的精神家园，素有“一座天姥山，半部全唐诗”之称。

绍兴的运河，一直从上虞流入绍兴，成就了绍兴古城“小桥、流水、人家”的诗情画意，也为上述诗人墨客源源不断地提供了创作素材、留下了赞美稽山鉴水的诗篇。为此，浙东运河绍兴段被称为“唐诗之路”的精华段。

如今，新昌县推进文化与旅游的融合，打造“唐诗之路体验区、佛教之旅感受区、茶道之源品味区”，真正体现“魏晋高风远，南朝圣迹南朝寺；盛唐翰墨香，一路风光一路诗”的情景。古道穿村而过，该道路最先为晋朝诗人谢灵运开拓，长约千米，宽两米左右，由鹅卵石铺成，饱经沧桑，是“唐诗之路”的最精华地段之一，历史上有名的“班竹铺”就设于此。据记载，明代著名旅游家徐霞客、清代诗人袁枚、现代文学家郁达夫等名人雅士或在班竹投宿，或在班竹驻足。

2014年，班竹村决定依托良好的自然环境资源和深厚的唐诗文化底蕴，打造“唐诗庭院”，发展美丽经济。村里建起了“唐诗之路”文化墙，写上了和斑竹村有关的四百多首诗，种下了两千多棵斑竹，引进了休闲旅游项目，将村里的闲置房、破倒屋改建成农家乐和休闲民宿，按照“一字一诗一院”的个性化要求建成“唐诗庭院”一百多家。现在的斑竹村，家家挂灯笼，户户贴唐诗，大人小孩读唐诗、背唐诗，氛围浓厚，又进一步吸引了游客。

在绍兴，除了沿浙东运河追寻唐诗之路，也可以深入柯桥区及越城区，重游中国现代文学家鲁迅笔下的水乡民俗风情。他和弟弟周作人，及同乡好友刘大白，是中国新诗重要的探索者和创始人。他们为绍兴老家铺下了一条现代文学路。

“最惹眼的是屹立在庄外临河空地上的一座戏台，模糊在远处的月夜中，和空间几乎分不出界限，我疑心画上见过的仙境，就在这里出现了。这时船走得更快，不多时，在台上显出人物来，红红绿绿的动……”鲁迅在其名篇《社戏》中，这样描绘家乡绍兴的“水边戏台”。

同样在这名篇中，鲁迅还写下了坐在白篷船上赶着看社戏的场景，“一出门，便望见月下的平桥内泊着一只白篷的航船。大家跳下船，双喜拔前篙，阿发拔后篙，年幼的都陪我坐在舱中，较大的聚在船尾……两岸的豆麦和河底的水草所发散出来的清香，夹杂在水气中扑面地吹来；月色便朦胧在这水汽里。淡黑的起伏的连山，仿佛是踊跃的铁的兽脊似的，都远远地向船尾跑去了，但我却还以为船慢。他们换了四回手，渐望见依稀的赵庄，而且似乎听到歌吹了，还有几点火，料想便是戏台，但或者也许是渔火……”。

社戏是旧时绍兴城乡春秋两季祭祀社神所演的戏曲，清代童谦孟写有一首竹枝词，描写当年看社戏的盛况：

岳神赛罢赛都神，演出河台戏曲新。
两岸灯笼盂育管，水中照见往来人。

在如今的柯桥区鲁镇，依旧保留着正月里看社戏的年俗。各村各镇在重大节日或特定时节常常会邀请当地越剧团、绍剧团和民间戏班来演上一场社戏助兴。为此，2008年，绍兴水乡社戏还被列入第二批国家级非物质文化遗产名录。

值得一提的是，在越城区鲁迅故居里，有一处水榭戏台，每天都在上演着社戏，供全国各地的游客欣赏。演员身着绍剧戏服，一颦一笑，唱着绍剧经典曲目。更有意思的是，戏台不远处，还有一个蹲在地上、托着腮帮、侧耳倾听的卡通雕像“迅哥儿”，将鲁迅年少时听社戏的场景复现，惹得观众在此合影留念。

除了鲁迅故居及三味书屋、百草园，笔者还在细雨蒙蒙中来到鲁迅笔下的咸亨酒店。酒店门口矗立着孔乙己雕像，惟妙惟肖。还记得在鲁迅小说里，孔乙己是在咸亨酒店站着喝酒而穿长衫的唯一的人。他从长衫口袋里摸出四文大钱，朝柜台喊：“小二，温两碗酒，来一碟茴香豆。”如今，笔者在此重温一下鲁迅笔下的文学场景。只不过除了茴香豆，太雕黄酒，又多点了咸煮花生、萝卜丝饼和绍兴臭豆腐，口感还不错。

笔者查阅鲁迅的文学作品后发现，虽然他没有正面描写绍兴的运河，但是从周作人的日记中能看出，他们兄弟在绍兴到杭州的求学路上，走的便是水路萧绍运河，这是浙东运河的一段。由于那时河道两旁铺有石材（供舟夫拉纤之用），水路便也俗称“塘路”。1897年，周作人到杭州陪伴祖父，及至翌年戊戌变法这一年返回绍兴，走的都是这段航道。

在通铁路以前，西兴是钱塘江南岸各市县到杭州的必经之地，人与货都要在这里摆渡过江，帮人摆渡过江的行当，就叫“过塘行”。夜航船于次日清晨到达西兴，周作人日记写着：“七月三十日，晴。晨至西兴，落俞天德行。上午过江，午至斗富三桥沈宏远行。下午至拱宸桥，下大东小火轮拖船。”（这里面的斗富三桥在杭州东河过西湖大道不远的河道上，东河北端与京杭大运河连通）而在鲁迅日记中，他走南闯北数次途经西兴中转的时候，所雇过塘行都是俞五房。

诗歌、文学与阅读密不可分。在追寻浙东运河绍兴段诗歌文学之路的同时，笔者也被绍兴老城区里浓浓的书香气息和文化名人故居所吸引。在绍兴，有一座古越藏书楼，它是我国第一座具有公共图书馆性质的藏书楼。古越藏书楼的创办人是清末绍兴四大望族之首徐家的徐树兰先生，他以存古和开新为宗旨，于1903年在绍兴建造此楼。古越藏书楼的出现，标志着中国私人藏书楼向公共图书馆的过渡，也标志着中国近代图书馆的诞生。

此藏书楼为晚清木结构建筑，原有三进楼房和一进平房，现仅存第一进门楼，楼为阁式，窗栏雕斗，颇为雅致。现在的藏书楼二楼已经变成了一个公共阅读室，笔者在参观时，有几位附近居民正在桌前翻阅报刊，享受惬意的阅读时光。

从古越藏书楼出来，一路沿着白玉长堤、绍兴饭店、绍兴古城墙拍摄江南水乡特有的“小桥、流水、人家”。边走边拍，最终来到书圣故里文化街区，迎面就是蕺山书院，道路两旁的墙上还有书法、壁画、摄影展，无不体现着这里浓郁的文化气息。这里是绍兴名士“书圣”王羲之和“学界泰斗”蔡元培的故里，也是刘宗周、黄宗羲等历代名士的求学圣地。

摄影爱好者们快走出时，看到了一家专卖旧书的书店，“群贤毕至”店名和“屋中自有黄金书”的牌匾吸引了大家驻足观看。老爷爷热情地拿出他上央视的报道资料，向大家介绍他珍藏的书籍。大文豪鲁迅的书是绍兴的热销品，在这里，几乎人人都能说上两句鲁迅。

在采访拍摄快要结束时，笔者来到了绍兴东湖，这里以巧夺天工的山水大盆景闻名于世，大运河的其中一个点段就在此处。在运河文化保护利用的背景下，东湖的意义被重新发掘。全国各地的游客慕名而来，坐在乌篷船上，头戴乌毡帽的船夫赤着脚踩踏着桨柄末端，两腿一伸一缩，桨就一上一下地击水推进。在划桨声中，游客们感受着仙桃洞里鬼斧神工般的陡峭的岩壁。

天下古桥说绍兴，八字立交负盛名。
最是纤桥世罕有，悠悠千载运河情。

这是古建筑学家罗哲文的诗句，凝练概括了绍兴运河遗产的价值。2014年6月22日，第38届世界遗产大会宣布，中国大运河项目成功入选世界文化遗产名录，成为中国第46个世界遗产项目。浙东古运河绍兴段古运河主体、八字桥、八字桥历史街区及古纤道四处入选。对于当地市民来说，运河的保护带来了实实在在的改变。运河保护提高了环境质量，生活休闲多了去处，运河边上建起了茶馆、书店、文创商店等，丰富了人们的文化生活，运河和人们生活结合得更紧密了。

站在绍兴市柯桥区的千年古纤道上，回望古人在运河上行舟背纤时为行船提供动力和缓避风浪时的这个通道，惊叹古纤道为运河航运所做的重要贡献。在历史沧桑中，穿越时空，偶见一行白鹭栖息在这千年古纤道上，远远地走近它时，忽地展翅高飞、翱翔在大运河上空。

【作者简介】

张恩杰，《北京青年报》记者。

◎绍兴阅读行走图

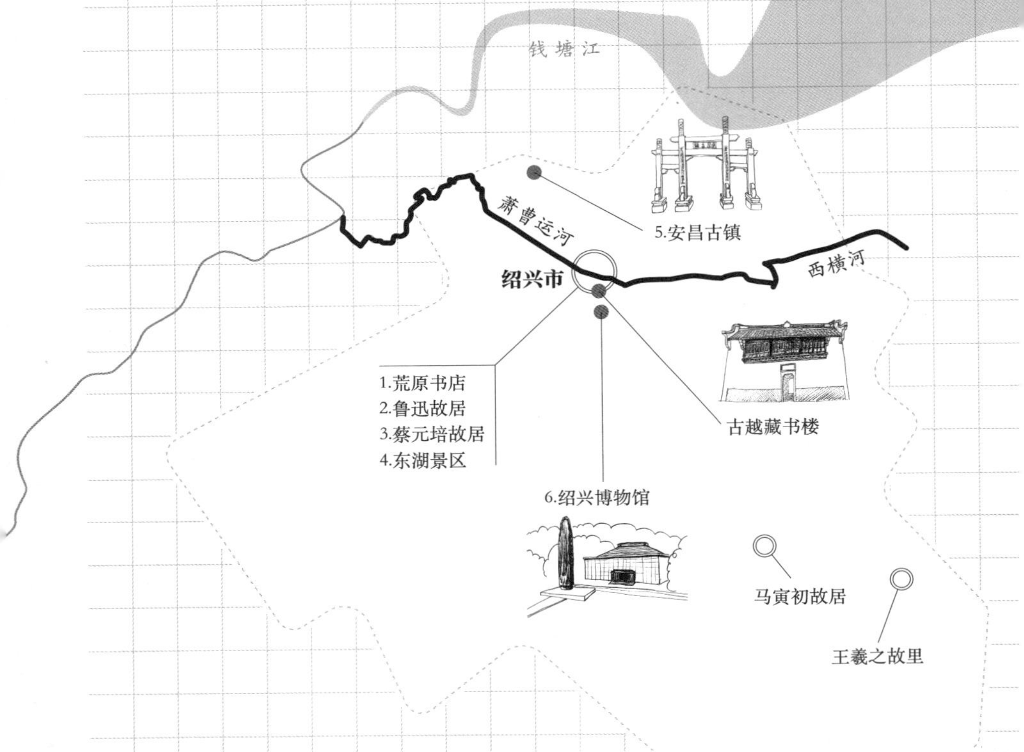

1.荒原书店

浙江省绍兴市越城区
八字桥直街102号

4.东湖景区

浙江省绍兴市越城区东湖镇
云东路与二环路交叉口

2.鲁迅故居

浙江省绍兴市越城区鲁迅中路
鲁迅故里景区内

5.安昌古镇

浙江省绍兴市柯桥区安华北路

3.蔡元培故居

浙江省绍兴市绍兴城区
笔飞弄13号

6.绍兴博物馆

浙江省绍兴市越城区偏门直街75号

书藏古今：宁波的人文脉理

尤佑

对于宁波，我有着独特的感情。小时候，家中藏书不多，凡能得到的书，我都稀罕如宝。一日，在朋友处得到当时的畅销书《文化苦旅》，我的心陡然静了下来。窗外，午后的阳光，一丝一缕地穿过小窗户，照在书桌上的字里行间，我几乎没有间断地读到落日西沉。其中，《风雨天一阁》一文，令我迷醉。当时想，如果我能在天一阁中看上一整年，那该是多么庆幸的事啊！时隔多年后，读到博尔赫斯的"天堂应该是图书馆的样子"一句时，我想天一阁大概就是惜字爱纸者的天堂。

天一阁，像一颗文学的种子，埋进我心里。2010年的国庆假期，桂花香沁人心脾，我之所以仍记得那时的气息，是因为那是我与妻子初识后旅行的第一站就是宁波。当时，我们还没有充足的积蓄，只能选择毗邻嘉兴的宁波出游。一路上，我与当时仍是女友的妻子聊起我的文学爱好，聊起位于宁波海曙区的天一阁，她也表现出浓厚的兴趣。

在桂花飘香的十月，我们乘坐大巴车去往甬城，沿途的行道树郁郁葱葱，我们像是悬空的时间旅客。十余年之后，我以一首《过甬城》，献给我的妻子。

大巴车在高速路上飞驰，我悬空
飞在绿梢上，嫩且软的叶子令我甜蜜
蜻蜓厌倦楼群，连日阴雨浓缩了时长
我将用一整个下午与黄昏洽谈生活的速度
像异地恋人，耳鬓厮磨
爱，只是故技重施。那乡间的三角形屋顶
明灭在故乡的竹林之上
唯琉璃之光易失
屋内的农夫，蚕豆一样午睡
（我的父亲，已错过春耕的时机
他种下的果蔬，将结出灯笼）
——他们在想，晚上究竟吃点什么好呢
疾驰仍在继续，来去的始末
仿似这甬城、这甬城生活

我爱过她，我爱过他们，而后又去往异地

我们就这样，在一个阴天午后，进入“书藏古今，港通天下”的宁波。由此，我们竟与宁波结下了一段特殊的情缘。

初到天一阁，我们被这座始建于明代嘉靖年间的藏书楼彻底征服了。青砖黛瓦白墙，像一位静雅的书生，隐居在繁华闹市之中。其正门前的那堵影壁墙，将中国文人的山水梦搬入宅中，正印证了“胸中有丘壑”一说。立体的影壁，山水绵延，茂林修竹，仿佛在诉说这座古宅主人的天人合一的企图。环顾入门小院，天一阁的创建人范钦的铜像，立在正中央，而它的前方，则是三块石墩，像垒起的书一样，喻指藏书之丰厚。

我钦佩范钦这样的藏书家，他似乎与嘉兴的项元汴不同。他的财富不是祖辈的遗产，而是源自于自己的创作。有史料记载：“范钦爱读书和藏书，宦迹所到之处均留心收藏典籍。归里后，更集中精力从事抄书、校书、刊书等文化活动。嘉靖四十年（1561年）至四十五年（1566年）间，范钦在宅东建天一阁，藏书七万余卷。”范钦藏书，不限门类，几乎是无书不蓄。当然，天一阁能够成为中国现存历史最久远的私家藏书楼，与范钦的“藏书意志”分不开。他主张“代不分书”“书不出阁”“向大学者开放”，让藏书代代相传、名人相

护。同时，他还注重科学藏书，采用严防火、重镇制的方法，保护藏书。正所谓“天一”生水，水能克火，火灭则书藏。这正是“天一阁”的由来。然而，天一阁真正为众人所知，大概要归功于“共享精神”。时过境迁，天一阁范大冲、范懋柱等几代人坚守，藏书量巨丰。到了清代，乾隆皇帝让纪昀编修《四库全书》，范懋柱捐献书籍六百四十余种，从此扬名天下。

对于热衷阅读的我来说，这次对天一阁的游览，像是圆梦之旅。而恰恰是这次游玩，我与女友确定了终生相守的关系。婚后，妻子入职于宁波一家公司，而工作地就在海曙区。当时，妻子在宁波工作，我则在嘉兴教书。平时，过着两地分居的生活，一到暑假，我就迫不及待地去宁波。杭州湾跨海大桥已经通车，那七彩的栏杆，正是我心中的海上彩虹。我们租了一间小房，过着小夫妻的日常生活。即使狭小、单一，也温馨有爱。至今，我依然怀念那段热恋的日子。或者说，与妻子热恋的同时，我还与我心心念念的书籍恋爱着。因为白天妻子上班，我则坐着公交车去宁波书城阅读。

在那些酷暑难耐的日子里，书籍成为我的精神食粮。摆在宁波书城最显眼位置的书籍，大多数介绍了宁波当地的文化名人。从不慕富贵、高风亮节的严子陵到唐代大书法家虞世南；从南宋学者王应麟到明代学者方孝孺；从中国哲学史上主观唯心主义的集大成者王守仁到中日文化交流的先驱朱舜水；从浙东学派的史学家黄宗羲到近代的革命烈士柔石，还有风靡一时的散文作家余秋雨……通过文字，他们一个个鲜活立体起来，我不禁感叹：宁波真可谓人文荟萃、大师辈出。

上溯两千年，我看到严子陵的人品，像一面旗帜，彰显着士大夫的坚守。尤其是他曾坚辞王莽之聘，抗命残酷政权，其洁身自好的品性甚为高尚。起初，严子陵的事迹可谓是鲜为人知，史书对他的记载也是蜻蜓点水，更未深究其人品。待到北宋时期，他的真容才得以呈现。其中必须要感谢《岳阳楼记》的作者范仲淹。他在严陵濑旁建了钓台和子陵祠，并写了一篇《严先生祠堂记》，赞扬他“云山苍苍，江水泱泱，先生之风，山高水长”，严子陵的美名才香远益清。同为宁波余姚人的虞世南，则是中国书法的集大成者。其书法继承王羲之、王献之笔致，外柔内刚，与欧阳询、褚遂良、薛稷并称唐初四大家。有石刻《孔子庙堂碑》等传世。其书法外柔内刚，笔致圆融冲和而又遒劲有力。黄庭坚赞曰：“虞书庙堂贞观刻，千两黄金哪购得。”足见虞世南的书法价值斐然。

明清时期，由于航海文明的兴起，临海的宁波成为重要的港口，真正地“港通天下”。经贸的繁荣，又反作用于人文社科。于是，类似王应麟、方孝孺、王阳明等学者，闻名遐迩。在这些名家中，我尤其喜欢王阳明。当我在宁波书城翻阅《传习录》时，我被这个知行合一的圣贤所迷醉。王阳明，原名云，更名守仁，字伯安，号阳明，人称阳明先生，宁波余姚人。明弘治十二年（1499年）进士，曾任刑部主事、兵部主事，因触犯刘瑾，贬为龙场（今贵州修文县）驿丞。后任南京太仆寺少卿，都察院右副都御史，督兵平定宁王朱宸濠叛乱，官至南京兵部尚书。回故乡余姚，在龙泉山中天阁讲“致良知”说，开创了姚江学派（又称阳明学派）。卒于江西南安，谥文成。归葬绍兴兰亭。坊间，流传着王阳明早年立志的故事。他指出：“志不立，天下无可成之事。”或许，一个人没有志向，就像是船行大海而没有舵木。他在《传习录》中与弟子对话，再次强调：立志成为圣人，就会成为圣人；立志成为贤人，就会成为贤人。推而广之，不论你想做什么、做成什么，想成为什么样的人、得到什么东西，立志都是第一步、打基础和真关键。

对此，我深以为然。正是在宁波那段时间的广泛阅读，增进了我对宁波的了解，同时，明白了只有致力于深度阅读，才能走近一个人，或一座城。先前，物理学家丁肇中曾经在一篇名为《应有格物致知精神》的文章中引证“阳明格竹”

的故事，以批判中国士大夫缺少格物致知的实践精神。如果你只是听片面之词，这位大圣贤就被认为是大傻瓜，他竟然对着园内的竹子想了七天七夜，最后以头痛而告终。显然，丁肇中的引证是不妥当的。

至于朱舜水，不知你是否记得。鲁迅先生曾在《藤野先生》一文中讲道："从东京出发，不就便到一处驿站，写道：日暮里。不知怎的，我到现在还记得这名目。其次只记得水户了，这是明的遗民朱舜水先生客死的地方。"由此看，朱舜水是一位亡故于他乡的浪子形象。而事实上，朱舜水是清初著名学者，中日文化交流的先驱。早年精研六经，绝意为官。清顺治二年（1645年）清兵下浙，他奔走各地，联络义军支援四明山寨王翊，顺治四年至十五年（1647~1658年），四次东渡日本，欲借兵复明，途中历经艰险，终未成功。后随郑成功、张苍水抗清，败后定居日本。康熙三年（1664年），水户藩主德川光国聘其为宾师。他前后侨居日本二十余年，向日本介绍了中国服制、礼制、官制等礼乐典章，讲授了自己的学术思想，为中日之间的文化交流和友谊做出了很大的贡献。卒后私谥文恭先生，葬日本常陆入慈郡大田乡瑞龙山麓。有《舜水先生文集》《朱舜水集》《朱氏舜水谈绮》等行世。1982年5月日中文化交流协会、日本朱舜水先生纪念会在余姚龙泉山上建造了朱舜水纪念碑。

数年时间，我往返于宁波嘉兴两地。有时，我借着短暂的周末时光，与妻子在月湖附近散步；有时，我则只身一人，在天一阁的石凳上闲坐；大多数时间，我就在书海中阅读这座城市。正是这段特殊的岁月，让我坚定了自己的文学梦想，让我爱上了这座历史人文底蕴深厚的城市。

【作者简介】

尤佑，浙江省作家协会会员，浙江省“新荷计划”人才。

◎宁波阅读行走图

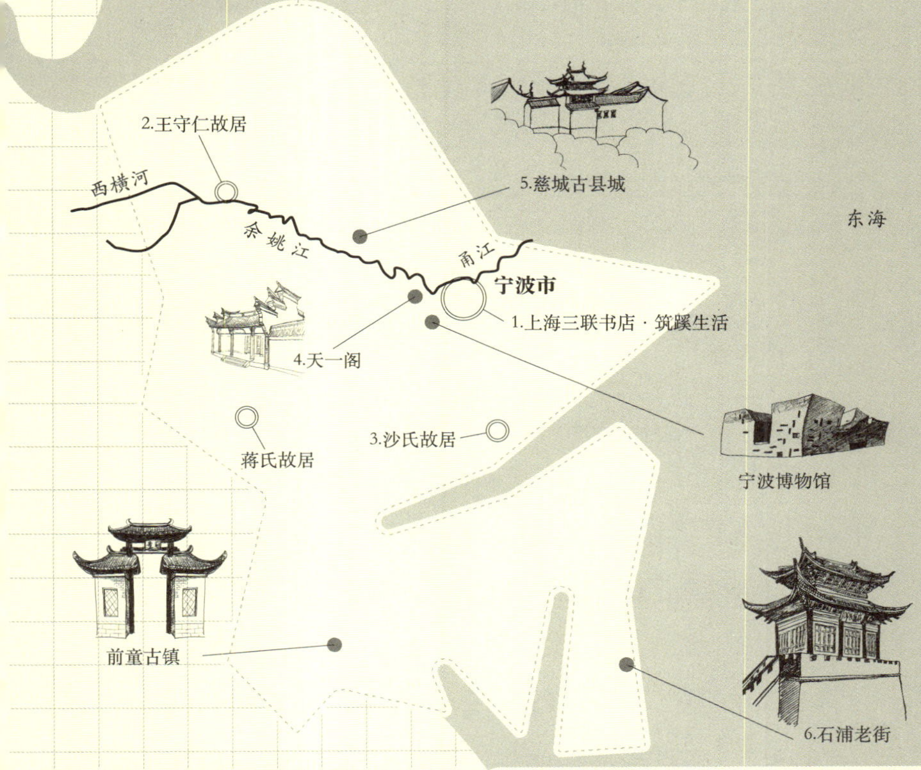

1.上海三联书店·筑蹊生活

浙江省宁波市和义路100号1844和义B1层

4.天一阁

浙江省宁波市海曙区天一街10号

2.王守仁故居

浙江省余姚市余姚镇

5.慈城古县城

浙江省宁波市江北区慈城镇解放路8号

3.沙氏故居

浙江省宁波市鄞州区塘溪镇沙村

6.石浦老街

浙江省宁波市象山县石浦镇石浦渔港古城内

运河三记

陆春祥

壹、“走运”

二千五百年前，吴王夫差下令，开凿邗沟，从江都（今扬州市）邗口至山阳（今淮安市）淮安末口，以通江淮。他也许没有想到，他的率先挖河行动会被载入史册，并被不断弘扬光大。隋炀帝为了加强中央集权和南粮北运，发疯样开凿京淮段至长江以南的运河，全长二千七百多公里。

两次写“走运”，时移景变，运河年年有新。

2008年11月

严格说来，标题“走运”应该叫“运河边的惬意生活”。住在运河边上的人，每天都会与幸福的细节相遇。

同事们很热烈地谈论各式各样的健身，我只是淡淡地说：有空常常会在运河边上走走。因为我的脚只要从左岸跨过丽水路，便是举世瞩目的运河。

我的行走路线多半是固定的，从左岸的后门出发，穿丽水路到北星公园，在热闹或不热闹的公园里起步。热闹或不热闹取决于我的行走时间，晚上七八点最热闹，跳舞的、唱歌的、压腿的、嬉戏打闹的、统统都有。在北星公园转个身，向南迈去，前面就是有三百多年历史的拱宸桥了。

这个时候是很随意的，不必拘泥走的形式，你可以不时地摸着造型别致的石栏杆。这时，往往会有突突的货船或游船在运河里驶过，船犁开浪的时候，河里就会翻起浓浓的泥土味，在运河边住久了，闻惯了这样的味道，很亲切。走着走着，迎面不时有运动着的男女老少疾疾穿过，这些人往往是暴走，喘着粗气，流着大汗，在运河边来来回回。

从三月份的不知哪一天开始，你会看到，河边五步一株的柳枝，慢慢地裁出细叶，一寸寸地长起来了。它们长得很快，一天一个样，有时一周没来，那新长出的枝条就能撩着你的脸，轻轻地触摸你了，弄得人痒痒的，而我也绝不会用手去拂开它，只任它触摸。还有那草地边的矮脚栀子花，在灯光的渲染下，乳白的本色中带上些许碎银色，很腼腆的样子。初夏夜里，浓得沁人肺腑的香味，让人很是留恋，刚好，这里的长椅使你不得不放慢或停下脚步闻香。你看，这一对互相抱着的，埋着头，无声无语，在尽情享受哩。

运河边的夜大约是最热闹的。到运河广场，往往会接着走上拱宸桥，站在桥正中，回望四周，看着桨声灯影里的运河，我在努力地回想她三百年前、二百年前，抑或一百年前的热闹场景，这个时候，发现自己的脑子总是不好使，竟没有一次想象出她以前会是一种什么模样。朝空中一看，哇，有几只闪着亮光的风筝努力地向远处漂着，星星点点。

广场边一座亭子里，圆润的越剧女声将我吸引。两位二胡操琴手，一位弹琵琶的，好像年纪都不是很大，他们都沉浸在演出的氛围里。一位老太太，中气很足，在唱着《红楼梦》里宝玉的什么唱段，“合不拢笑口将喜讯接”，台下不时有掌声，细一看，不仅有老头老太之类的票友，还有不少年轻的粉丝。大家的神情都随着老太太的嗓子在变化。咳，不对啊，好像还有一个声音从边上传来。细一听，在游船码头这边，又有一台戏，唱的还是越剧，“我老六——”，噢，是《祥林嫂》。这边的观众就少了些，三三两两，但老太很认真，正做着悲怆的手势呢，那操琴的老者估计也有些年纪了，操琴的动作没有那边厢的节奏干脆，边上的音箱效果却不错。两边正在热烈地“竞赛”中，一艘游船从远处突突驶来，驾驶员大概是想让游客感受一下拱宸桥的夜文化，所以一下子就慢了下来，游客们则站在仓台上，忙不迭地，长枪短炮，闪光点点。

见此情此景，我不由想起前段时间刚刚开始学吹的萨克斯。这个东西，不要看它小，发出的响声倒是够大的。不用说，运河边的亭子里自然是理想的练习场所。再没有比这好的场所了。厚厚的绿化带掩映着一座古色的廊亭，坐着或站着，对着运河吹，对着运河边的树木吹，对着游船吹，曲虽不那么好听，但和着缓缓流动的运河水，合着大自然的声音，因此，不用怕扰人，自在得很。

不同的季节，运河有着不同的风景。去年的那场大雪，让我从另一角度体验了运河的静。那天早上，车被冰得出不了小区，只得坐公交。晚上下班已经比较迟了，乘出租车到青莎公园边，我就让司机停下，因为衣着严整，就想沿着运河走。那雪真是太大了，运河边积着的厚雪上基本没什么脚印，于是我踏着积雪一步一步走，开始还感觉有趣，边走边给陆地同学打了电话，说，我正在运河边踏雪呢，真正的踏雪，一步步地踏。但后来就越走越难了，因为还结着冰，必须提着神。雪夜的运河两岸已经看不出什么景色了，白茫茫一片，空旷的雪地上只有我深一脚浅一脚地前行。平时四十多分钟的路，那一夜我足足走了一个半小时。不过，那种深夜一个人在雪地里走的感觉却是独特的，那是在运河边走啊，很有纪念意义呢。当时就想，大概只有杨子荣同志在智取威虎山的时候，在夹皮沟才有那样的雪吧。

江南的雨景也是别有一番韵味，关于雨后的运河，我曾仿有几句打油诗：

运河新雨后，柳叶润如酥。
移步石阶走，不敢下脚去。

不管恰不恰当，对运河的感觉，对我家边上运河的感觉，就是这样。

2012年11月

初冬周日的早晨，阳光已在催我起床。

站在阳台上西望，运河的西岸，那些新楼盘非常醒目，想来想去，只能用鳞次栉比来形容。

最远处，能望到左前方的几幢显眼而别致的黄颜色建筑，那是由大河造船厂改造而成的，现在叫运河天地。有数家时尚商场、KTV店、各色美食店，周星驰还在那儿开了家影院，叫它比高，我不知道周老板什么意思，极有可能是和别的影院比高低吧。有一次，比高影院很热闹，原来是周老板亲自视察工作来了，和员工一一握手，一边勉励，一边一人给一只红包。

眼光由运河天地往北转，岸边那一片凌乱，现在已经全部整齐，估计用不了多久，那里便是宜人的公园了。阳台对岸就可以直视南北西岸，河边的那一排别墅很平静，不张扬，临河居，临着一条数千年历史的运河而亲水，那是一种什么的感觉？有亲朋好友来，我经常会指着对岸给他们指点，回应的几乎都是羡慕的口气：你们真好，阳台上的风景就看不完。我说是啊，不仅看不完，还可以沿着河作无穷的想象。

目光暂时收回。

周日的下午，我会沿着运河往南走。

桥西历史保护街区一定要去的。迈过拱宸桥，白墙板壁黑瓦，每一块石板似乎都有久远的历史。左边是舒羽咖啡馆，这不是普通的咖啡馆，它基本是一个传播文化的场所了，这里经常举行诗文朗诵绘画音乐等活动，前几天，杭州读书节的时候，这里就很热闹，中外名作家齐聚。我在街角就刚刚碰上余光中先生，老先生偕夫人，还兴致勃勃地东转西转，他说他们在享受运河，看也看不够。拱宸桥的正对面就是几家大的国药馆，张同泰、胡庆馀堂、方回春堂，省内的各大名中医都会来坐堂，走累了口渴了，一脚拐进国药馆，倒一杯免费的茶，冒着热气，带着中药味，坐着慢慢品吧。

桥西直街还有好几个博物馆，中国刀剪剑博物馆、中国伞博物馆、中国扇博物馆、手工艺生活形态馆。一馆看千年，常见家长带着满脸兴奋和惊讶的孩子在馆里细细研究。在手工艺形态馆，有许多互动项目，油纸伞什么的，你可以亲自参与制作。据说，一把伞光是伞结部分，就要穿针引线两千多下呢。两个工人从火炉里钳出一根铁火棍，你一锤我一锤，我一锤你一锤，不一会儿，一把刀的雏形就出来了。最让人感叹的是，这些个博物馆，都不是新盖的，而是利用原来的工业厂房建设而成，真是点石成金哎。老作家黄仁柯和我说，他父亲原来就在这个厂里工作。我说，哈，黄老师，那你可以写写了。

继续往南走。偶尔会和钓鱼的撒网的擦肩而过，他们抓鱼的神情很专注。

登云桥下。经常来的地方。这里的亲水平台上，我有时会吹萨克斯。几年的学习，虽是三天打鱼两天晒网，但毕竟也比较熟练了，《城里的月光》《梁祝》《真的好想你》《春风》《天路》《北国之春》，等等，等等，我常吹。经常是，我的音乐声响起不久，就会有游人停下脚步，他们有时会默默地听，有时会竖起手指，有时会拍起手掌。运河里轰轰而过的游船，那些游客往往很兴奋，相机咔嚓，我知道，他们把吹萨也当成运河的景色了。虽然还不是很出色，但毕竟不会扰民了。一次，一位老人特地和我交流，他说就住在边的高楼上，听见我的音乐，不由自主地跑下楼来了。我知道，萨克斯的声音是很悠扬的，能传得很远，特别是在这个桥下，有回声，有共鸣。这个时候，平日里的那些烦恼都一抛脑后了，我想，这些游人也是在分享我的快乐吧。

继续穿过青莎公园。再穿过大关桥。前面就是大兜路历史街区。美食是这里的特色，这里已经集聚起了几十家比较著名的餐饮。友人一直在说，我选择左岸花园这块城北的地方有眼光，我还是淡淡地说，这是杭州城里最后改造的地方，一张空白的图纸，当然可以画最美的图画，道理就这么简单。拿这个餐饮街区说，以前拱墅这地方，只有极有限的几家，选择面很小。而现在，不得了，大兜路已经名声在外了，基本上是车水马龙，胜利河美食一条街也是热闹得很，还有西塘河台湾美食一条街。不用去台湾了，这里什么都能吃到，台湾的大厨高调宣称，一只虾，有十三种吃法哎。拱墅已经做好了迎接全杭州，不，全浙江，还不对，应该是全中国全世界游客的准备了。

往南左转，我的脚步停在了富义仓。

这是清光绪朝的大粮站啊。1880年，当时的杭州城，粮食紧张，浙江巡抚谭钟麟，下令杭城有钱老板购粮备急，数千万斤粮食买来了，仓库却不够用了，于是在此再建粮仓，精打细算，节约再节约，银子花了一万一千两，四列三进的仓库造好了。谭钟麟调任陕甘前，将仓库正式命名为富义仓，寓意为“以仁致富，和则义达”。富义，这不就是我们现在强调的勤劳致富和谐社会吗？自然，现在的富义仓并没用来堆放粮食，它已经修旧如旧，变成拱墅的一个文化粮仓了，这里集聚了十几家文化创意企业。像这样的改造太多了，LOFT49号、A8艺术公社、唐尚433、理想丝联166、乐富知汇园、浙窑陶艺公园、元谷创意园、SOHU创意部落……都是腐朽变神奇，传统的空间里透着十足的现代味，现代人的创意在那里无限释放和想象。

好了好了，脚也累了，路也走够了。

往回走吧，留着下一次，留着明天。

走运河，简称“走运”。

天天走，天天“走运”。

贰、一滴水的遇见

2015年3月19日晚。杭州大剧院。《遇见大运河》。

我，大运河，这是一场舞台上的遇见。

崔巍，闪烁着疲劳但坚定的眼神告诉我：这是我酝酿最艰难的一个作品，历时三年。有了人，才有了河；有了河，才有了运；有了运，才有了千年的繁华。我就是这么寻找人类和运河之间联系的。

大幕缓缓拉开。

两条主线：找寻大运河历史时空的艺术家和开凿、繁荣、遗忘、又见运河的千年回忆。这是一场回忆，更是一场人文寻找，回忆与寻找的交错进行中，观众对流淌千年的运河有了全新的体验。

依我看，这台舞剧，就是一滴水的今世前生。

这一滴水是这台舞剧的女主角，她是千年运河里的一滴水。

自邗沟挖下的那史无前例的第一锄始，此后数千年，海河、黄河、淮河、长江、钱塘江，近两千公里，便勾连成了一条线，这是古代中国贯通南北的主要国道。

舞台上，那一大群前朝民夫，无论男女，衣衫虽褴褛，却仍爆发出力强大的张力。呼喊，呐喊，手舞，足蹈，滚翻，他们是在向山宣战，向石宣战，他们要用双手，与大自然拼搏。开凿大运河，充满着巨大的艰辛和危险，必须要有充分的民力和无穷的智慧，中华民族的先人们都做到了。

于是，有了那第一滴的运河水。这一滴水的出现，成了世界文明史上的一个大事件，从此，人类交通有了质的飞跃。那是先人们智慧的结晶，那是民众的巨大希冀，那也是水滴的欢快生命。

她从通州出发，一路雀跃，数河相交，直抵杭州。

有了她，两岸，不，古代中国，迎来了繁荣的大时代。

这样的繁荣在舞台上表现得淋漓尽致。运河两岸的璀璨文化，流水人家，流动的田园风光，商埠林立，喧闹人群，歌舞杂耍，繁忙漕运，外贸往来，一切的一切，都因为是有了运河。

这一滴水，在舞台上灵动地穿梭着。阳光下，缤纷多彩，眩烂之至，她灵秀，她欢畅，甲乙丙丁，一二三四，ABCD，都想和她亲近，爱护她，保护她，这是幸福的一滴水，她给人们带来了无限的荣光。

时光荏苒，无情的风吹皱，那一滴运河水，被遗忘了，遭遇了各种摧残。

女主角，鲜光的身体上裹着数不清的残缺烂片，她承受着各种非人的折磨。

这个时候，观众全神贯注着被污染的运河。舞台上飘起了浓浓的雾霾，崔巍这样解释：首演的时候，这里用的是碎纸，但效果不是最理想，主创人员就一场一场地试，绿豆粉，黄豆末，我们现在用的是茶叶碎末，你看看这效果，灯光下，茶灰色，压抑，是不是形象表现了空气中的重料？

我盯紧了看，那一滴水，被各种重料包围，逐渐窒息，最后蜷缩着，佝偻着，一动不动。男主角，就是那个拥抱水滴的现代艺术家，由相知到相离，这是一次悲伤的离开，他抱着她，极力旋转，悲痛欲绝，几近疯狂，失去爱人的痛苦，锥心刺骨，无以名状。

我身后的一个小女孩，轻声地问她的妈妈：妈妈，运河是死了吗？妈妈轻轻地回答：没死，是被遗忘了。

掌声。这掌声不是欢呼运河死了，是送给那表演一滴水的女主角的。她让我们看到自己对运河的漠然、遗忘。这是一场精心设计的假死，但触及心灵。

观众从沉重中回过神来。

又遇见运河了。

场景自然愉快。那一滴水，女主角，生命又焕发了生机。绿色的，轻盈的，浮光的，流动的，大跨度的跃动，爆发的活力，前所未有的青春勃发。

男女主角又不舍分离，相亲相爱，这种爱，一直幻化为生生不息的坚守和相望。

当以大运河的终点——杭州拱宸桥作为巨大背景出现时，我似乎也幻化成剧中的人物了。不，我就是剧中一角，因为，我常常要在那桥上伫立。

我家就在大运河杭州的终点，“1786KM”，这个标杆牌，我只要一出小区门，就能看见。夜空下，标牌远远高高地亮着，告诉来往的船只，这里是一个有特别意义的地方。

沿着标牌出发，往南走，沿着运河的石阶走，一千多米，就到了南北通津的运河广场，这里，每晚都人声鼎沸，风雨无阻。拱宸桥，这座明代才建的桥，和运河比，很年轻，但和我们比，呵呵，我们没法比！

我常在桥上四顾，胡思乱想，望桥东桥西，看桥南桥北，探桥下流水，一百年前的拱宸桥是什么模样？二百年前？三百年前？再往前？更往前？还往前？这桥上的块块青条石，被时光磨褪得很成熟的样子，条石上无名的大小孔穴，模糊不清的各种字体的文字，它们是怎么形成的，都有着怎样的故事？这些都是我很想知道的。

我清楚，我这种胡乱穿越，只能无功而返，拱宸桥和桥上的条石们，它们不理我，依然很安静。对它们来说，来自何方已经不重要，重要的是，它们还坚强地存在着，它们冷眼察观，静看人世，宠辱不惊，处变不惊。

拱宸桥下的流水，突然又跳上了舞台，变成了那灵动的美丽身影。

一滴运河水的前世今生，其实也是中华文明生生不息的象征，她需要好好保卫。保卫需要爱，需要具体的行动。在尾声里，我似乎听到了这样一种集体的呼喊：

我觉得，你爱上了她！

我相信，你爱上了她！

我看见，你爱上了她！

我坚信，你一定爱上她！

我想，我们大家都已经爱上了她！

穹顶之下，那一滴水，不，无数滴水，正蜕变成生动的精灵，升腾上空，齐心合力，捉拿着霾这个妖魅！

再一次，遇见，大运河。

叁、向着运的方向

我将“运”的意义截取应用为三个义项：运河，流动，幸运。

有人说，隋炀帝挖这个运河是有私心的，他其实是个隐藏得很深的花花大公子，他只是想自己下江南方便。他下江南，那个气派，无人能比，据说，他江都宫里的美女就有三万。这么个排场，运河当然要好好修了！还有后来那个乾隆皇帝，也替运河生出许多的艳情故事。所以，北起北京，南迄杭州，全长1794公里，无论历史之久、里程之长，均居世界运河之首。

本文所指的运河，系特指，是大运河中的一段。

这一段运河，普通又不普通，普通，它只是运河中的一段，不普通，它还是大运河的终点，这终点又是南宋王朝的曾经首都。拱宸桥以崇敬帝王的方式，迎接着八方来客，以她为圆心、辐射拱墅两岸的广大地区，这里的故事绵长又丰厚。

运河的水边，生活着各色各样的人群，他们的吃喝拉撒，他们的油盐酱醋，他们的喜欢怒哀乐，都和这条大河有关，河流的历史，其实也映射着他们的工作史、生活史。

平缓流动的运河水，是两岸百姓生活的冷静见证者。

它们载着大船，甚至载着书信，传递着人们互诉衷肠的心愿。

看，今天（1987年11月），一封信，从杭州寄往上海，这是极为普通的一封儿子寄给母亲的信：

母亲：

您身体好吗？念念。

今寄上100元钱，其中40元是给您买些冬令补品吃的，您每年冬天要买些驴皮膏吃的，本来我想买来寄给您，后来想想邮寄麻烦，不如寄钱给您自己买好。

还有，今天厂里的雪花膏已发，质量很好，您暂时不用买；如果急用，或先买一瓶，或叫我寄给您。

寄信的儿子叫董保罗，1931年出生在上海的乡下，他父亲去世时，他只有七岁，一直是母亲带着他。母亲为了儿子，终身不嫁。儿子大学毕业后，每个月，只要一领到薪水，就把其中的一半按时寄给上海的母亲，一天也不敢耽搁，四十年从未间断。发自心底的问候，不厌其烦的唠叨，事事都想着母亲的挚情，朴素无华，但儿子对母亲的孝顺和深情，皆随着运河水，浩浩荡荡流淌。

看，今天（1998年），一封信，又从黑龙江飞来，信上只有一句话：

丫头，阿爸想你。

收信的周阿姨当晚就买了车票，第二天就坐上了去黑龙江的特快列车。这阿爸并不是周阿姨的亲阿爸，而是她在插队时的生产队长。由这封信，我们尽可以展开丰富的想象，这杭州周姑娘下乡时，瘦小伶仃，孤身无助，在偏僻的黑龙江农村里，她得到了生产队长如待子女般的照顾，这种关心化为浓浓的父爱，一直温暖着她。几十年来，她和他之间，父女般的感情，并没有因时间而湮没，因此，当周阿姨看到“阿爸”只有一句话的信时，立即意识到这是老人的最后呼唤，她一定要赶去作最后的告别。

困难时期结下的友情，也如这运河水，绵绵而又温馨。

年代不同的各式家书，构成了《运河家书》的主体，有母子，有父子，有兄弟，有姐妹，只要你细读，都有触动你的细节，人间真情如运河水，静流而无声。除家信外，《运河家书》还有一部分，是描写运河两岸的人们现在和以往生活状况的，其间，传递出不少正能量的信息，比如严谨的家风和家规，默默无声的美德和善行，以国家利益为重的阔大情怀，虽然情节散淡，也并没有什么惊天动地的事例，但给我感觉，正是这种平淡的细节，才是没有粉饰的日常，而这样的日常，一透过阳光，就会呈现出五彩缤纷的光芒，眩人眼，动人心。

只要我有时间，我每天都会去“走运”。我常和朋友说起这个“走运”，他们起初不解，一解释，皆恍然，然后都用羡慕的眼光说：你真幸运，杭州人真幸运。

是呀，谁不喜欢走运呢?

运河边的夜大约是最热闹的。到运河广场，往往会接着走上拱宸桥，站在桥正中，回望四周，看着桨声灯影里的运河，我在努力地回想她三百年前、二百年前，抑或一百年前的热闹场景，这个时候，发现自己的脑子总是不好使，竟没有一次想象出她以前会是一种什么模样。朝空中一看，哇，有几只闪着亮光的风筝努力地向远处漂着，星星点点。

那日“走运”，至桥西公园，顺便拐进生态博物馆，各种手工艺的制作场景，我一一忽略，径直走到一家古纸店铺，档上堆着不少品种的古纸。古纸不是古代的纸，而是用古代方法制作的纸，这些差不多都是非遗项目，越来越少了，有好多古纸制作方法只能在书上展示。我选了两种桑皮纸，粗质泛白，粗质泛黄，拙拙的，和运河一样，都带着古老而沧桑的气息，作手札用合适，和我平时阅读和思考随时想到的词和句也吻合，最近我想写的一个札的主题是，“六月收瓜”，小字为“春气动，草萌芽，三月蚕桑，六月收瓜”，这是汉乐府诗的截取，虽然原诗表达的是哥嫂不善待弟弟，但这几句劳动场景还是挺美的。这段时间“走运”，不知道为什么，“三月蚕桑”的场景经常跳出来，后来一想，对呀，这不就是千百年来运河两岸的生动情景吗？

运河两岸，到处都是文化和历史的符号，即便是一块普通石碑，你仔细看了，也会有新发现的，呀，这一块是洋关旧址碑嘛。我不能再引诱你了，你有空还是自己去“走运”吧。

我是幸运的，和我一样生活在运河两岸的人们也是幸运的，因为我们有运河，因为我们有可以让我们走运的运河。

《运河家书》，带着我们的家书，向运的方向昂然出发，抵达我们各自的幸福深处。

【作者简介】

陆春祥，笔名陆布衣等，浙江省作协副主席，浙江省散文学会会长。

◎杭州阅读行走图

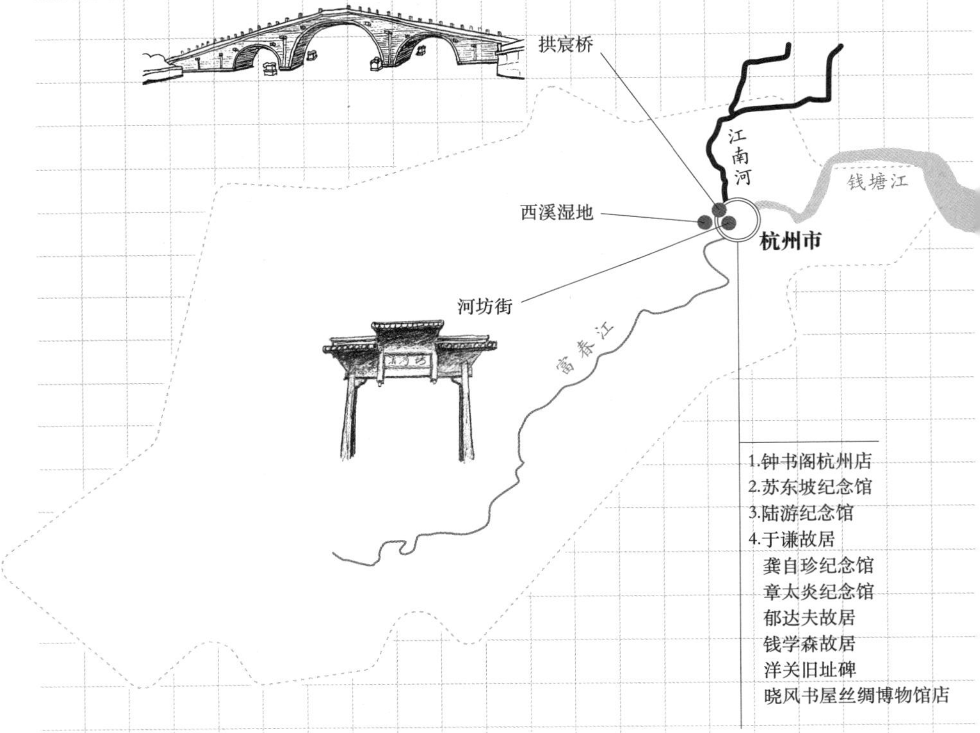

1.钟书阁杭州店

浙江省杭州市滨江区江南大道228号星光国际广场F2

3.陆游纪念馆

浙江省杭州市下城区孩儿巷98号

2.苏东坡纪念馆

浙江省杭州市上城区南山路1号（苏堤南端）

4.于谦故居

浙江省杭州市清河坊祠堂巷42号

运河是一座水做的桥

汪剑钊

回到江南，我首先想到的是桥与水。

一座桥，无论是石质的还是木质的，最重要的作用就是连接与沟通。它意欲打破自然的阻挠与分隔，为栖居于大地并渴望自由行走的人们铺就一条空中道路。在视觉上，桥呈现的是一种特有的建筑美，其棱角与曲线凝聚着人类朴素的智慧与想象力，混合了力量与坚韧的美，建造者将生命的诗意一次又一次地落实到石头与粘泥中。古代没有水泥与胶，但古人发明了弥合度极强的黏合剂——糯米加石灰的砂浆。这种“黏合剂”缝合之后的古建筑不仅异常坚固，耐抗强烈的地震，且具有特殊的耐水性，不少建筑能够屹立千年不倒，有的甚至运用现代的推土机都无法推倒。那么，运河呢？应该是一座水做的桥，它也是一种沟通，打破的是泥土与石头的阻隔。与桥的恒定与安静不同，运河通常呈现的是流动、灵活与适度的喧哗，它柔软却同时拥有厚重，绵远又不失细腻，偶尔有船筏经过，撕破了水的皮肤，但很快就自行愈合了。

以前，阅读刘绍棠的《运河的桨声》以及其他一系列的运河小说，我只是沉醉于小说中的美，为运河人家的淳朴、恬静而感慨，并未想到这运河还有着如此绵长的延伸，甚至和我的家乡保持着隐秘的联系。它就像一根粗大的脉搏，北起幽燕的通州，南抵长江流域的余杭，流经了京、津、冀、鲁、江、浙六个省市，贯通海河、黄河、淮河、长江、钱塘江五大水系，全长约1800公里，让华北平原与长江三角洲有了血脉上的联系，其镜面似的波光不仅倒映着北方的豪放与刚劲，也蕴含着南方的细腻和柔情。

少年时代，听家乡的老人说过，隋炀帝为了坐着龙船到扬州看美女，不惜耗费庞大的财力、人力，开凿了一条大运河，引起了巨大的民怨，最终导致了亡国。奇怪的是，这个故事并没有引起我对这名皇帝的厌恶与憎恨，我在心中不禁暗自思量，这个皇帝倒是非常浪漫，为了美竟然不顾一切，真所谓宁要美人，不爱江山，将“美”高置于整个江山社稷之上。成年以后，我逐渐了解到它的真相，那不过是正统人士对一名亡国之君的进一步妖魔化。据史料披露，京杭大运河的开凿更多的是出于政治与经济的考虑，是古典意义的一次“南水北调”。而实际上，运河的开凿也远远早于隋代杨广的登基称帝。当时，江南富庶的物产便通过这条人工的水道，源源不断地运送给由游牧民族转化不久后的北方居民。与此同时，水这种液体在输送物质的同时，也在滋润着南方与北方各自的文化，使其相互学习与吸收，随后在流动中发扬和光大。

行文至此，我想说，诗的诞生与流布堪称人类挖凿的又一条运河，这条河的表面醒目地荡漾着智力与美交织的水波，在粼粼的人文波光中折射着精神太阳的光芒。国人皆知，唐代大诗人张若虚写过一首旷世名作《春江花月夜》，被闻一多称之为“诗中的诗”“顶峰中的顶峰”。该诗以“春江潮水连海平，海上明月共潮生”一句带起，铺陈了一幅美妙的景象：

江流宛转绕芳甸，月照花林皆似霰；
空里流霜不觉飞，汀上白沙看不见。
江天一色无纤尘，皎皎空中孤月轮。
…………
鸿雁长飞光不度，鱼龙潜跃水成文。

享受着那样的良夜美景，张若虚的内心却滋生了一种宇宙性的孤独，他在时空的坐标上发出了“年华似水”“物是人非”的感慨：

江畔何人初见月？江月何年初照人？
人生代代无穷已，江月年年望相似。
不知江月待何人，但见长江送流水。

值得一提的是，这里，诗人由空间转入时间，在清丽的诗句中写出了生命的律动，交织着憧憬与怅惘、欢愉与感伤多种情愫。全诗的意境空灵、清明，音韵谐美，画意浓郁，是为“春水浩荡”的千古绝唱，正如闻一多所说，在这首诗面前，“一切的赞叹是饶舌，几乎是亵渎”。不过，与京杭大运河的历史相似的是，这奔流浩荡的“春江”的首开者并非张若虚，而是那“毫无心肝”的后主陈叔宝遭下的第一钎。随后，就有一位同样背负“亡国”恶名的皇帝杨广像续开运河一样，承接了这项工程，重启了一个隐秘的通道，贯通了诗的月光照临其上的艺术之河。这样看来，前述史传开凿了京杭大运河的昏君杨广实际倒是一名文武全才的统治者，早年他南征北战，为大隋帝业鞠躬尽瘁，立下了汗马功劳；登基后，他首倡科举制，为生活于底层的知识分子提供了施展平生抱负的机会。不仅如此，他在为文作诗上也有傲视天下的才能，《春江花月夜》便是他在矜然自得的心境下挥笔写就的千古名句：

暮江平不动，春花满正开。
流波将月去，潮水带星来。

平心而论，这首诗完全脱去了齐梁时代绮靡、浓艳的文风，呈现了一种开阔、刚健、澄澈的质地。倘若做一个设想，将它放在初唐诗歌的集中，那也绝对是翘楚之作。可以毫不夸张地说，正是杨广这寥寥二十字对语言的“凿挖”，才成就了张若虚“孤篇盖全唐”的勃发、奔涌，乃至一泻千里的冲决……杨广的另一首诗《秋思》有句云：

寒鸦飞数点，流水绕孤村。
斜阳欲落处，一望黯销魂。

这些水珠般令人销魂的词句，在流落民间数百年之后，有幸被大宋才子秦少游拣到。他掸去其中的尘土，巧妙地嵌入自己的《满庭芳》，从而焕发了晶莹剔透的新意，在婉约的江河中赓续和拓宽了感伤主义的支流：

山抹微云，天粘衰草，画角声断谯门。
暂停征棹，聊共引离尊。
多少蓬莱旧事，空回首，烟霭纷纷。
斜阳外，寒鸦数点，流水绕孤村。

运河自然并非黄土文明独有，欧洲、美洲和非洲的各个地区也流淌着大大小小的人工水道，较为著名的有苏伊士运河、基尔运河、巴拿马运河等，至于举世闻名的水上城市圣彼得堡，更是因分布了网络般的运河，连接了大小涅瓦河而增添了北方的妩媚，享有“北方威尼斯”的美名。前述各条运河，或者起到了灌溉与滋润沿途居民所存身的那一片土壤的作用，或者承担起了民族与民族之间经济上的贸易往来和政治上互相勾连的功能，为丰富人类在地球上的生活起到了血脉性的作用。

有意思的是，在世界文学的历史上，也存在不少这样的“运河”。例如：法国诗人龙沙在1578年出版了一本诗集《致密轮娜十四行诗》。他在其中一首诗中如是吟唱：

当你衰老之时，伴着摇曳的灯
晚上纺纱，坐在路边摇着纺车
唱着、赞叹着我的诗歌，你会说：

龙沙赞美过我，当我美貌年轻。

……生活吧，别把明天等待，
今天你就该采摘生活的花朵。
（飞白 译）

诗人将生命无常和“红颜易逝”的观念注入到了作品中，在宣传及时享乐的思想的同时，又歌颂了艺术的力量，诗歌对时间之剥蚀的抵抗，体现了浓厚的人文主义精神。

这股文艺复兴的诗歌之水流淌了三个世纪以后，越出了法语的堤岸。1893年，爱尔兰诗人叶芝受这位法国前辈的启发，以戏仿翻新的形式表达了自己对终生眷念的女性毛德·冈的一腔深情：

当你老了，头白了，睡意昏沉，
炉火旁打盹，请取下这部诗歌，
慢慢读，回想你过去眼神的柔和，
回想它们昔日浓重的阴影；

多少人爱你青春欢畅的时辰，
爱慕你的美丽，假意或真心，

只有一个人爱你那朝圣者的灵魂，
爱你衰老了的脸上痛苦的皱纹。
（袁可嘉 译）

运河是一座水做的桥，而诗歌是一条词语漂浮的运河。正如张若虚的《春江花月夜》超越了杨广的同名作品一样，叶芝的《当你老了》已因其中高洁的情怀、至深的伤感，更受后人推崇，尤其在中国，它是各类晚会和朗诵活动中被不断以声音亮相的“常客”。那“朝圣者的灵魂”带着它“痛苦的皱纹”开凿了一条特殊的河流，跨越了英语与汉语的阻隔，顺着袁可嘉先生建造的翻译河道，也流到了20世纪末的中国，在方块字的沃土上焕发了新的人性光辉。例如，在诗人、批评家耿占春那里，“当你老了”就泼溅起了这样的浪花：

当一个人老了，才发现
他是自己的赝品。他模仿了
一个镜中人

他从翻开的书里只读自己
其他人都是他镜中的自我

在过他将来的生活

现在隔着雾，他已无法阅读
当一个人老了，才发现
他的自我还没诞生

而在那条名为“西川”的河道上，则倒映着夕阳返照似的灿烂与坚硬：

一个人老了，重返童年时光
然后像动物一样死亡。
他的骨头已足够坚硬，撑得起历史
让后人把不属于他的箴言刻上。

我们从上述诗歌“运河”便可以看出，尽管它们有着共同的源头，由于流域不同，在各河段的宽窄也不同，流向也出现了差异，河面上漂浮的“水生物”也各不相同。

【作者简介】

汪剑钊，北京外国语大学教授，诗人，翻译家，评论家。

运河书香文脉永流传

姜师立

2019年6月22日是大运河申遗成功五周年的纪念日。近年来，沿线各地如火如荼的大运河文化带建设热潮将大运河文化的保护、传承、利用推向了一个新的高潮。大运河文化的保护传承离不开运河书香文脉的传承，大运河作为一个文化遗产廊道，今天仍然是传播中华优秀文化的重要载体，全民阅读工作也可以借助大运河这一载体来探索跨区域的联动合作，从而让运河书香文脉永远流传下去。

作为人类文化遗产，大运河不仅是规模庞大的航运工程体系，也是规模巨大的文化遗产廊道。这条文化之河，不仅是南北文化传播的走廊，而且是中外文化交流的桥梁。运河沿线一直是中国人口密集、经济发达、商贸兴盛、人才济济的地区，也是中国文化艺术最活跃的地区，文学、艺术、戏剧、书法绘画、音乐高度繁荣，名家辈出，对中华文化产生了极其重要的影响。大运河又是一条书香之河，沿岸浸满了书香文脉，诞生了一位位文学名家、科技名家。作为文学艺术的摇篮，许多著名作家都诞生在运河岸旁。中国的“唐诗之路”就是基于隋唐大运河背景之下的文化之路。李白、杜甫等大诗人曾在运河两岸游历，留下了众多不朽诗篇。宋词更是沿着运河传播的，无论是豪放派的范仲淹，还是婉约派的秦少游都是运河沿线的人。“唐宋八大家”中的多位都曾活跃在运河地区，比如苏轼就曾在扬州、杭州、常州、徐州等多个城市任职。中国古典文学四大名著《红楼梦》《西游记》《三国演义》《水浒传》均诞生于运河流域，《金瓶梅》《老残游记》《三言》《二拍》《聊斋志异》等精品小说也都涌现于运河地区。大运河沿线不但文化资源丰厚，阅读遗存也遍及各地。《四库全书》的七大藏书楼有五座在运河沿线城市，历史上运河沿线还拥有众多的私人藏书楼，如宁波天一阁、南浔嘉业堂、苏州过云楼、扬州街南书屋和测海楼等。

大运河的现代文化价值与运河的历史价值是一脉相承的。运河文化最根本的特征就是交流，货物的交流带来人的流动，进而带来文化的交流。运河文化的特点是包容开放和创新，这也是大运河的现代文化价值。基于大运河的阅读联合机制正是对习近平总书记提出的推进大运河文化带建设的热烈响应，它是保护传承中国大运河文化、实施中华优秀传统文化传承发展工程的重要内容之一。

跨区域合作阅读机制是对大运河文化带建设的实践。大运河文化带建设就是从大运河的“带状”特点出发的，大运河是因为漕运而形成的共有文化长廊，大运河文化带建设关键在“带”，无论保护、传承和利用运河文化都要作为一个整体来推进。建设大运河文化带就是让沿线城市形成统领协调格局，共同发力，打破“一亩三分地”的意识，促进更大范围的融合和交流。我曾经写过一篇文章，大运河文化带建设要体现三个“联”字，提出在保护上要体现“联动”，传承上要体现“联手”，利用上要体现“联合”。而跨区域合作阅读机制可以推动沿线城市的大运河文化带建设由单打独斗走向联动、联手、联合。

跨区域合作阅读机制是对大运河文化交流功能的传承。跨区域阅读联合的最大价值就是打造了一个运河文化传播交流的平台，是对运河历史上文化传播功能的再造，是对大运河精神的再现。我曾在《京杭大运河历史文化发展与传承》一书中提出，运河文化的最根本特征就是交流，货物的运输带来人的流动，文化的交流。因此，运河文化不单是一种乡土文化或商业文化，而是一种以交流、开放、融合、进步为特点的动态文化。跨区域合作阅读机制就是传承运河文化的交流，体现了开放精神。

跨区域合作阅读机制是增强民族文化自信的动力。跨区域联合，可以联手挖掘研究运河文化价值，将大运河的研究工作提升到“运河学”的高度，可以有效传播运河文化，将跨区域联合运河阅读活动打造成运河文化传播平台，通过讲述中国大运河故事，传播运河文化，让更多的人认识大运河，领会大运河的价值所在，更好地了解、更加珍惜这份珍贵的世界遗产，进而让我们的民众更加了解和尊重自己的历史，提高民族的自信心和自豪感，培养高度的文化自觉和文化自信，增强民族文化软实力，为中国优秀文化走出去奠定坚实基础。

因此，大运河沿线城市要立足传承发展运河书香文脉，将大运河全民阅读工作作为切入点，积极借助大运河这一载体来进行跨区域的合作，在三个方面求突破。

一是对运河阅读遗存的合理利用。要合理修缮利用阅读遗存，修缮运河私人藏书楼，利用运河建筑遗产建设24小时城市书房。杭州就在著名的运河遗产富义仓开办了运河书房。扬州利用曾藏有四库全书的天宁寺，展示了商务印书馆重制的原大、原色、原样仿制版《四库全书》文津阁本，已成为外地文化人来扬州必须参观的文化景点。在运河沿线建起的一座座城市书房，给市民点亮一盏盏24小时永不熄灭的读书灯，成为扬州的文化地标。

二是建立运河沿线跨区域阅读推广机制。在全民阅读工作中探索跨区域合作的机制，正式成立大运河沿线城市阅读联盟，进一步整合力量，发挥各自资源优势，联手打造运河城市阅读品牌和活动，轮流承办各类运河阅读推广活动，通过跨区域的合作机制，推动阅书、阅城活动互鉴推广，让大运河沿线城市的书香文脉看得见、听得到。让书香飘荡在大运河沿线的每个城市，让大运河文化永世传承下去。

三是联合开展阅读推广活动。早在2016年的江苏书展上，江苏省新闻出版广电局就推出了“大运河书香文脉传承发展论坛”；2018年，书香中国·北京阅读季又发起的大运河阅读行动计划接力行动；2019年又继续启动了大运河阅读行动。运河沿线城市可轮流接力举办运河书香文脉传承论坛，举办大运河书博会，开展运河阅读遗存品鉴活动等，传承运河城市书香文脉。让人们了解大运河，了解大运河的前世今生，增强文化自信，增强民族自豪感；让人们认识大运河文化，认识大运河的文化价值，更好地传承大运河文脉；让更多的人因了解而热爱大运河，传播大运河文化，投入到运河遗产保护的事业；让更多的力量投入大运河文化带建设，更好地利用运河遗产，发展今天的运河文化，为当代人造福。

【作者简介】

姜师立，扬州大学中国大运河研究院研究员，扬州市新闻出版局副局长。

后记

中国大运河，是一条地理上的河，更是一条文化之河。从灿若星辰的古典诗词，到煌煌百万言的“三言二拍”、四大名著，再到刘绍棠、汪曾祺、冯骥才、蒋子龙、王梓夫、徐则臣等现当代名家的作品，和大运河有关的书读也读不完。这还仅仅是文学层面，诸如艺术、文物、非遗、建筑等其他文化领域的遗产，更是博大精深，底蕴深厚。

2018年和2019年，由北京市通州区文化和旅游局主办，大运河沿线二十多个城市有关部门、书店等共同举办的大运河阅读行动计划“大运河阅读接力”活动，通过文化沙龙、知识讲座、名家诵读、群众讲演、大运河沿线非遗图片展、主题艺术创作等形式，传播大运河文化、推广全民阅读，让书香大运河的活动成果惠及更多群众，也得到了社会各界的广泛好评。

更让我们欣喜的是，一次次大运河阅读的接力和行走，让我们发现和联结了很多热爱大运河的知名人士。他们中有长期致力于大运河研究和保护的专家，有成名已久的当代名家，也有研究大运河的后起之秀，还有大运河主题书店的从业者，有对大运河颇有研究的媒体人……这本《阅读大运河》就是他们创作的集合。他们用充满感情的文字，将大运河文化沿线的历史传承、名人巨擘、文化遗产、风土人情娓娓道来，勾画出中国大运河的时代画面。

除了书中撰稿的各位老师外，本书在成书过程中，还得到了中共北京市委宣传部以及各地图书馆、新华书店、民营书店、阅读空间等相关部门和单位的关怀与帮助；得到了著名作家徐则臣老师、江苏扬州市新闻出版局（版权局）副局长姜师立，淮北师范大学教授张秉政老师、《中国文化报》浙江记者站骆蔓老师、浙江图书馆谢贝妮老师、江苏扬州市图书馆张洁老师、河北沧州市全民阅读促进会会长一澜老师、浙江嘉兴市图书馆程玉芳老师、韬奋基金会读联会会长石恢、江苏徐州日报王海春主任、山东聊城北大培文学校常务副校长杨艳芳、上海三联书店·微言小集郭利萍老师、一个书店李斌老师、钟书阁·北京融科店向爱群老师等的鼎力支持，诚挚感谢他们为本书的编写付出的努力。

由于编者水平有限，难免有纰漏之处，恳请读者朋友给予批评、指正。